Amazing
Mind
Reading
Secrets

專家不教你的

微觀讀心術

石川平 著

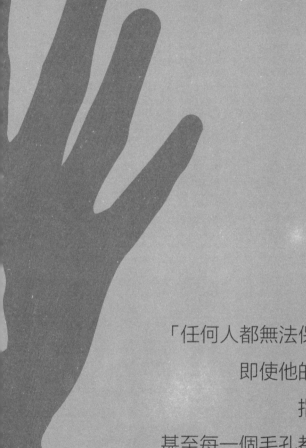

「任何人都無法保守內心的秘密。
即使他的嘴巴保持沉默，
指尖卻喋喋不休，
甚至每一個毛孔都會背叛他。」

——弗洛伊德（1856-1939）

“No mortal can keep a secret.
If the lips are silent,
he chatters with his fingertips;
betrayal oozes out of him at every pore.”

—— Sigmund Freud, 1856–1939

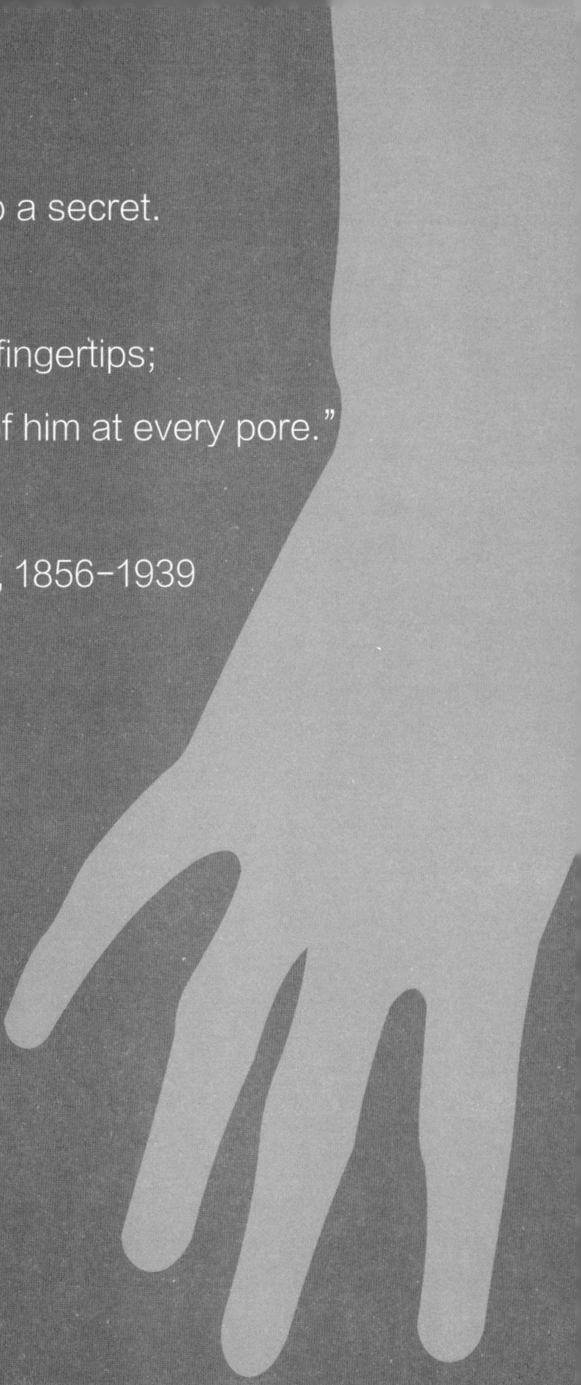

身體會泄密

在一套講述前蘇聯（今俄羅斯）的間諜電影中，克里姆林宮的衛隊長馬特維耶夫潛入敵人營壘，由於偽裝巧妙，沒有露出破綻，但有一次，當他突然聽到敵人要刺殺列寧時，他卻在敵人面前不由自主地站了起來，引起了敵人的懷疑和追殺。

電視台邀請現役歌手蔽面出，爭奪蒙面歌王殊榮，卻為不少觀眾所嘲笑。事實上，莫說歌手們根本不曾下功夫去掩飾自己的聲音語言，就算他們著力去做，其真實身份仍會通過無聲語言，尤其是身體語言表露出來。因為身體語言具有習慣成自然的下意識特性，不是一時三刻可改變得了。

近年騙案越趨肆虐，其中一項讓人意想不到，騙徒竟能藉此成功得手的行騙渠道，就是電話騙案。為什麼單憑區區幾句話，騙徒就可令受害人乖乖奉上大筆財產？其實，對了解讀心術的人來說實不稀奇，因為相對身體語言，聲線說話反而是最易加以掩飾的。在缺乏眼神、表情、肢體動作的參照下，人們只能憑唯一的訊息來源：騙徒的片面之辭來作判斷，令受騙的機會增加。

為什麼身體會泄露秘密呢？因為這是很早形成的習慣，不易掩飾和改變。一個孩子向父母撒謊，說完話，他會下意識地用手捂嘴巴。在人的一生中，這一動作會使用下去，只不過隨著年齡和閱歷的增長而有所變化，不那麼明顯罷了。如捂嘴不再用整個手掌，而是改用手指輕輕觸摸一下嘴角或鼻子，其意圖仍像童年時一樣用手捂嘴，阻止謊言出口，但手的動作卻變得快速、輕巧而微妙了。

既然人的經歷越複雜，經驗越豐富，其體態語言也就越含蓄微妙，那麼一個人在身體語言上只要善於掩飾、偽裝，不就可以不被別人看穿了嗎？

然而，要做到完全不露痕跡、天衣無縫是不可能的。因此，解讀人們的體語密碼，可以更準確地認識自己和他人。本書旨在引導讀者通過觀察別人動作、姿勢、衣著、眼神等由身體發出的暗藏資訊，達到洞察對方內心的目的。

chapter FOUR 習慣是最大的泄密者

chapter FIVE 身體語言的遊戲規則

chapter

ONE

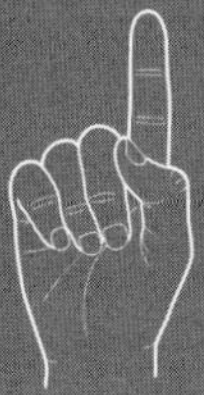

刻在臉上的心理地圖

| 一切從頭開始 |

| 藏在眼睛內的秘密 |

| 從眨眼透視你的心理秘密 |

| 以眼觀鼻，以鼻觀心 |

一切從頭開始

雖然頭部僅佔人體表面積的九分之一，但人類觸摸頭部的動作卻超過六百五十種。我們要怎樣才能破解這成百上千的頭部動作呢？

頭部動作是人類進化最早的動作，其次才到軀幹，最後才是腳。雖然頭部僅佔人體表面積的九分之一，但自我觸摸行為卻有半數以上集中在頭部。

有研究顯示，單是人類觸摸頭部的動作就達到超過六百五十種，可想而知頭部的其他動作何其之多。那麼，我們怎麼樣才能正確解讀這些成百上千的頭部動作呢？

答案非常簡單：只需要熟悉頭部語言的遊戲規則即可。

在二零一二年爭取連任的美國總統奧巴馬，他雖然在大選期間多番強調對選情充滿信心，但其實當時的美國經濟前景不明朗，失業率居高不下，美國經濟重陷衰退憂慮加深，更有73%美國人認為國家正處於錯誤的軌道上，所有這些都打擊著美國民眾對奧巴馬領導能力的信心。而從奧巴馬在二零一二年十月，與共和黨總統候選人羅姆尼（Willard Romney）進行首場總統候選人電視辯論中的身體語言，亦可投射出這種負面的心理情緒。

身體語言專家德賴弗（Janine Driver）說：「在身體語言上，羅姆尼是勝者。」奧巴馬向來能言善辯，但在該次答問時卻多次結結巴巴，講話時連番停頓，不發言時只顧低頭望著講台。

德賴弗指出，奧巴馬經常把頭側向一旁而非抬起來，令人感覺缺乏信心。

從羅姆尼（左）跟奧巴馬的頭部姿勢，可以看出前者躊躇滿志，後者憂心忡忡。

相比下，羅姆尼常抬起頭並望向前方，眼神集中在主持人及奧巴馬身上，這比以前眼神渙散、經常顧目四盼的缺點有改善。德賴弗說：「若你是別國人民，只看身體語言，會認為羅姆尼已是總統。」

另一身體語言專家哈克里（Peggy Hackney）亦認為，無論是表情和身體語言，奧巴馬都過度拘謹，羅姆尼則傾盡全力，動作自然流暢，看來更真誠。

身體語言專家 Janine Driver

奧巴馬與羅姆尼的三個常見動作

1 奧巴馬

奧巴馬的身體語言較拘謹。雖手部動作算強而有力，有助遊說觀眾支持其觀點，但也可能有人覺得主張並非坦途。

a「揮球」：手掌打開，像握著棒球，然後擺動前臂。奧巴馬用這動作時，通常在嘗試推銷信念。

b「切割」：手掌向下切，通常是在強調動詞時作出，例如表達將做的行動，或諷刺對手。

c「指向」：手掌大致呈握拳狀，拇指頭和食指頭疊在一起，然後擺動前臂

（特別強調向下方揮動），奧巴馬常用作加強語氣。

2 羅姆尼

羅姆尼身體語言較流暢自然，有助讓觀眾更易投入和相信他。

a「指向」：類似奧巴馬，手掌狀似握拳，但只伸出食指。羅姆尼揮動前臂的動作較奧巴馬自然，有助強調信念。

b「擁抱」：雙手敞開，上下重覆擺動，狀若擁抱別人，羅姆尼常以此舉，突出其想法邏輯顯而易見。

c「點頭」：頭先側向一邊前望，儼如在問「難道你不同意嗎？」，接著微微點頭，儼如自問自答「當然同意」。

《紐約時報》對羅姆尼的分析則更為詳細，羅姆尼在演講時在適當時候採用了一種類似擁抱的手勢：將自己的手放鬆，前臂張開並自然抖動，這樣的手勢更為開放，有一種「加入我們吧」的意味在，同時也表示自己的邏輯非常明顯。頭部動作上，羅姆尼兩個一組，首先將頭傾斜，同時眼睛睜大，有「你難道不同意我嗎？」的意味，而接下來羅姆尼通常會再點頭，表示「當然，我們是相互同意的。」

從頭部動作探究人的內心

在生活中，我們不難發現很多人都會對其日常生活中的姿態作出要求。這是因為身體姿勢既可以反映出一個人內心真正的心理活動，也可以影響別人對其形成的印象和判斷。以下，我將告訴你姿勢所隱藏著的豐富信息，讓你透過姿勢來了解他人的內心世界。

先從頭部講起：頭部動作是人類進化最早的動作，其次才到軀幹，最後才是腳。通過對身體語言的研究，專家發現，頭部是人體接觸最頻繁的部位。英國動物學家和人類行為學家德里蒙德・莫里斯也指出，雖然頭部僅佔人體表面積的九分之一，但自我觸摸行為卻有半數以上集中在頭部。根據心理學家的研究和自己經驗的總結，我們可以將人的頭部動作歸納整理為四大項，並分析了其所代表的不同心理。

1 屬於隱蔽動作的接觸

人們對噪聲感到不耐煩時用手掩耳，或光線過強時用手遮眼，氣味過濃烈時用手捂鼻等動作，都是為了擋住外界的強烈刺激侵入感覺器官。此外，當內心萬分痛苦而哭泣時，用手捂著臉的動作也屬這一範疇，這是一種帶有掩飾性企圖的姿勢。

2 屬於整理身體的動作

這一接觸的具體特徵是，將手舉向頭部做出「抓」、「擦」、「摸」等動作，這種動作本來是用以維護頭部清潔而用的，比如頭皮屑過多時搔頭等，但是，專家指出，當我們脫離本來的目的，陷入情緒混亂或緊張狀態時，往往會做出類似整理頭部的神經質的行為。比如，男性方面最普遍的「抓頭」動作，大致可視為不滿、困惑、害羞、痛苦等心態的直接反應。在這種時候，往往兼有面無血色和喘氣的現象。

3 特殊象徵的接觸

為了強調正在用腦筋思考，用手指或筆「咚咚」地敲頭，或者用手掌貼著頭部不動等動作，就屬於這一範疇。在痛苦或思考中兩手抱頭，也是這種象徵性的特殊接觸。

專家指出，東方人對一件事物不能理解或感到莫名其妙時，伴隨著腦中的快速判斷，常會做出一種十分普遍的歪頭動作。而西方人一般則將手掌貼在太陽穴附近，表示他正在對這一事物進行思考。另外，也有不少人喜歡用手指輕輕點著太陽穴，也屬同一心態的表現。這種動作無疑是一種表示「疑難」的信號。

至於下意識地按住人體的要害部位之一的太陽穴，可以看作是想刺激思維活動加劇的一種行為。西方人在陷入自我懲罰的心理狀態時，就有人會伸直食指戳著自己的太陽穴，做出用手槍來射擊自己腦部的模仿動作，這是一種象徵性的自殺動作，其目的在於假借這一動作來掩飾內心的尷尬和困窘。

此外，這類象徵性的接觸，還包括突然記起了一件事或恍然大悟時，使勁拍打自己前額的動作。

4 自我親密性的接觸

這類接觸的目的，是為了獲得精神上的安定，是下意識所形成的心理作用造成的。在這一類的頭部接觸中，我們最常做出的動作，就是一肘靠在桌面上，用手掌支撐著一側頭部的姿態。肉體上的疲勞，並非是造成這一姿態的主要原因。

在這個時候，當做頭部支柱的手，實際上已起到了超越手的本來機能的作用。這隻手在心理上變成了擁抱自己，給自己以安慰的「朋友」。即用自己的手來代替朋友，給自己以親密性的快感。

除了這種以手撐頭的動作之外，在我們經常做出的動作中，還有一種並攏中間三指或四指，手背朝外，輕輕拍打額頭的行為。這種姿勢大致上可看做是靦腆、困惑心理的表現。其動機在於嘗試用緊貼額頭的動作，去克服精神上的不平衡。

由於有些頭部動作具有多重含義，所以我們在解讀這一類身體語言時並不能將其強行劃分為哪個範疇。

在德國總理選舉期間，社民黨候選人史丹布祿克（圖右）在大選前的電視辯論中，做出多種身體語言。圖左為現任總理默克爾。

如果從這種分類得出自我觸摸頭部動作都是追求精神上的穩定，只能說在大部分時候正確。比如，「搔首弄姿」就不是這種目的。再比如拿抱頭的動作來說，其內涵就非常複雜。

人們在煩躁痛苦的時候會抱頭，在極度興奮驚訝時也會如此；後悔懊惱時會抱頭，還可能伴隨拍打頭部的動作；投降認輸時也會雙手抱頭。所以，解讀人們頭部動作的真正含義，還需要結合當時的場景來考慮。

傳遞內心的真實情感

此外，除了從上述結合手勢的頭部動作可以看出一個人當時的情緒和感受外，還有一些單獨的頭部動作，如點頭、搖頭、抬頭、歪頭等也傳遞著內心的真實情感和態度。

1 「點頭」

點頭的動作在大多數時候都是用來表示肯定或者贊成的態度。

這個動作屬於鞠躬的簡化形式——就像一個人正準備鞠躬，然而動作只進行到頭部就戛然而止，最後以點頭的動作象徵性地表示鞠躬這一姿勢。鞠躬的姿勢隱含著順從之意，所以點頭的動作也顯示出我們對其他人的觀點表示贊同。

專家通過研究發現，那些先天性聾啞或者失明的人，也會用點頭的動作表達肯定和贊成。因此，人們很可能天生就會使用這一動作來表示順從的態度。不過，抬頭這一動作和其他身體語言一樣具有地域性，如在印度和保加利亞它表達的是否定的態度。

不過，專家也指出，點頭的動作也不是這麼單純的，比如，與人見面的時候，點頭動作可以用來打招呼。在交談的時候，通過點頭的頻率還能夠推測出聆聽者的耐心程度。緩慢的點頭動作表示聆聽者對談話內容很感興趣。而快速的點頭動作等於是在告訴說話人，他已經聽得不耐煩了，或者是催促說話人馬上結束自己的發言，以便給他一個表達觀點的機會。

2「搖頭」

搖頭的動作通常表達的是否定的態度。

這很可能也是人類與生俱來的舉動，因為，當新生兒吮吸了足夠的奶水後，他就會左右搖擺腦袋，以此抗拒母親的乳房。與之類似，幼兒在吃飽了以後，也會用搖頭的動作來拒絕長輩們餵食的調羹。所以，當有人對你的意見表示贊同，並且努力讓這種贊同的態度表現得誠實可信時，你不妨觀察一下他在說話的同時有沒有做出搖頭的動作。

如果一個人一邊搖著頭一邊說，「我非常認同你的看法」，或是「這主意聽起來棒極了」，又或者是「我們一定會合作愉快」，那麼不管他的話音顯得多麼誠摯，搖頭的動作都折射出了他內心的消極態度。所以，要是你足夠聰明的

足球教練文仙尼對球員傳達指令，球員點頭以示明白。

話，最好多留個心眼。

3「抬頭」

抬頭是當人們對談話內容持中立態度時，往往會做出的動作。

通常，隨著談話的繼續，抬頭的姿勢會一直保持，人們只是偶爾輕輕點頭。而且，用手觸摸臉頰的手勢也常常伴隨著抬頭的姿勢，表現出認真思考的態度。

但是，如果把頭部高高昂起，同時下巴向外突出，那就顯示出強勢、無畏或者傲慢的態度。人們可以通過這個姿勢刻意地暴露出自己的喉部，並且讓自己的視線處於更高的水平，這樣就能以強勢的態度俯視他人。

4「歪頭」

把頭部向一側傾斜是一種順從的表示，因為這個姿勢不僅暴露出人們的喉嚨和脖子，還會讓人顯得更加弱小和缺乏攻擊性。

這個姿勢很有可能起源於嬰兒時期把頭靠在父母的肩膀和胸脯上休息的動作。大部分人，特別是女人，似乎是在不知不覺中讀懂了這一姿勢所傳達的順從與毫無威脅的意味。

所以，她們經常會使用這個姿勢向心儀的男士表達自己對他的興趣，因為她們明白一個毫無威脅感並且看起來非常溫順的女人，在大部分男人眼裡都是極具吸引力的。

歪著腦袋露出脆弱的脖子，這一身體語言所隱含的意義似乎絕大多數人都會憑直覺領悟到。所以，女性在商務談判中跟男人交手時，記住要始終保持頭部直立的姿勢，以免暴露出自己的軟弱。

英國王妃凱特依偎威廉王子的肩膊，是愛的表現。

藏在眼睛內的秘密

眼睛是人類五官中最靈敏的部分，其感覺領域幾乎涵蓋了所有感覺的百分之七十以上。只要成功掌握這扇小窗戶，我們往往能聽見千言萬語。

眼睛是泄露秘密的窗口，亦是反映內心的一面鏡子，因此，在面對面的交流中，即使是轉瞬即逝的眼部小動作，如眼球的轉動、眼皮的開合、視線的轉移速度甚至方向，也時刻在傳遞內心的訊息，而透過這扇小窗戶，我們往往能聽見千言萬語。

有「萬人迷」之稱的球星碧咸，在二零零四年傳出與前女助手盧絲（Rebecca Loos）偷情後，連忙飛到瑞士與太太維多莉亞「箍煲」，兩人一起公開露面，當眾摟抱，狀甚恩愛。不過，身體語言專家指兩人的恩愛是假裝出來的，實質是貌合神離。

碧咸當時抵達其每周租金近三十萬港元的瑞士一個度假農莊，與早半天到達的妻兒會合，夫婦二人即合演「恩愛騷」，在攝影師面前摟摟抱抱，時而溫馨漫步，時而追逐嬉戲，碧咸還把維多莉亞整個人揹起。

有丈夫伴在身旁的維多莉亞打破事發兩天以來的沉默，向英國《太陽報》稱：「我們經歷過比這次更可怕的風浪，所以今次也肯定熬得過。」

維多莉亞的好友透露：「維多莉亞決心不讓事件破

維多莉亞攬著丈夫碧咸時表情冷漠（圖a、b），舉止跟二人在熱戀期間的表現（圖c）差天共地。

壞假期，她很渴望讓外界知道他們沒有問題……那種心態就是『我們不能被這擊倒』，希望事件只會令雙方感情更鞏固。」

不過，旁觀者卻指碧咸兩夫婦強顏歡笑和扮恩愛：「碧咸燦爛得過火的笑容，反讓人感到他刻意裝作沒事。」至於維多莉亞則戴上墨鏡，木無表情地從背後攬著丈夫。

身體語言專家夏皮羅說：「他們表面恩愛，但看真點卻不難發現二人之間存有隔膜。維多莉亞笑容牽強，動作生硬，一直縮著身體，顯然兩人關係緊張。而且在所有照片中，碧咸都沒有正眼看過太太。」

眼睛感覺幾乎涵蓋所有感覺逾70%

在古希臘神話中，有姐妹三怪人，外人只要一接觸其中一位名叫梅德莎的眼光，便立刻化為石頭。這個神話故事充分說明了眼神的威力。

以品嘗食物為例，我們絕不會只靠味覺，而是會同時注重食物的色香，以及盛載方式或排列方法等，這些都是視覺影響心理的現象。假使我們在陰暗的房間裡用餐，即使知道那是美味佳餚，也會產生不安的感覺，使我們無心品嘗，甚而胃口大減。反之，在整潔、明亮、燈光柔和、食物裝盛器皿精緻的餐廳進餐，就會使人產生良好的用餐情緒。可見，視覺位居「五官之王」，足以支配其他的感官。

的確，從醫學角度看，眼睛是人類五官中最靈敏的，其感覺領域幾乎涵蓋了所有感覺的百分之七十以上。

對於眼神的作用，早在春秋戰國時期，孟子也曾做過精闢的闡述，他說：存乎人者，莫良於眸子。眸子不能掩其惡。胸中正，則眸子了焉；胸中不正，則眸子非焉。這說明眼睛是判斷人心善惡的基準。

探究眼珠轉動背後的人性秘密

至於一個人的所思所想，很多時候亦會通過他的眼神表現出來，深層心理中的慾望和感情，首先反映在視線上，視線的移動、方向、集中程度等都表達不同的心理狀態。情況就如爬上窗台就不難看清屋中的情形，讀懂人的眼色便可知曉人們內心狀況。一個人心裡正在打什麼主意，他的眼神都立刻忠實地告訴你：我在想些什麼。

至於在眼球活動的性格分析範疇上，眼球動向提供的線索最明顯，蘊藏的信息也非常豐富，它告訴我們這個人內在究竟發生了什麼。它的運用也很廣泛，深入各個領域，如人際溝通、教師的教學與輔導、銷售領域等。

現在，我們就來做個實驗：正對鏡子，試著想想你把鑰匙落在哪個房間了，你有幾件白色的衣服？你的最好朋友長什麼樣？你看到自己的眼球如何運動了嗎？沒錯，它們都在向上運動。

其實，不管你是在回想過去的情景，還是在勾畫未來的場面，只要是有畫面感的情景，眼球就會向上運動，進入視覺影像。如果你是在仔細聆聽音樂會或是別人的話，眼球則會跑到中間，這意味著你進入了聽覺世界。

而當你覺得腰酸背痛、被你家的小動物咬了、被針扎了時，眼球就會往下運動，因為你正被感覺、身體觸覺的情緒所控制。

我們可以從對方的眼珠轉向，了解其內心活動。

一個認真聽你講話的人，眼球絕對不會向上翻起。一個正在積極動腦的人，眼球也絕對不會定住不動。總之，眼球往上時，是視覺的、影像的；眼球在中間，是聽覺的、聲音的；眼球往下時，是感覺的、身體的。

當眼球運動時都在想些什麼？

1 眼珠慣於向右上方轉的人

眼球處在右上，表示視覺想像，想像從未見過的樣子、創造新的畫面組合。比如，想像明天要去的地方是什麼樣子。

眼珠向右上方轉時，人的腦中便會浮想幻想中的事物，這說明這類人其實很喜歡做白日夢的。不過這並不代表他們只會憑空想像、天馬行空，很多發明和新的實質性的建議都是從想像開始的！

這類人的另一專長是在邏輯分析上，只要他們把他們的想像加以邏輯的分析，說不定會發明一些驚人的意念呢！

2 眼珠慣於向右下方轉的人

眼球處在右下，表示內心感受，情感的觸動、身體觸覺。比如，摸仙人掌的刺有什麼感覺？戀愛的滋味怎樣？鬱悶時有怎樣的感受？

這類人心思細密，思考力特強。與這樣的人相處時要特別小心，因為他們疑心重重，常以為自己是偵探，只要有少許的蛛絲馬跡，便會想很多東西出來。

而且這種人做事太精，所以千萬不要與這類人有金錢上的瓜葛，否則便會為自己惹來最大的麻煩。但如果對方不是每次思考時都是轉向下方，只是偶爾才這樣的話，也表明他在此時所說的大概不太可靠。

3 眼珠慣於向左上方轉的人

眼球處在左上，表示視覺回想，是在回憶過去所見的畫面和腦海裡的場景。比如，昨天午餐有幾道菜？附近有幾間便利超市？路過了幾條街？

當人在回憶過去的經歷時，便會望向左上方。這類人時常喜歡翻來覆去地回憶往事，所以對這樣的人要有耐性。這種人在社交場合聆聽別人的發言或自己發言時，時不時也會把這種思考方式帶進來，所以這樣的人在交往中也較為常見，可以作為一個類型化的表現吧。

4 眼珠慣於向左下方轉的人

眼球處在左下，表示聽覺在發揮作用，是有情緒的內心對話，是在對自己說話。比如，對自己說句鼓舞的話，哼唱一首自己喜歡的歌。

這類人想像與思考力都很強，他們喜歡自由自在地享受生活，這種人可能會給人好吃懶做的感覺，不過這是一種錯覺。事實上，這種人比任何人都會安排生活和工作的關係。他們會比較認真地聽取別人的發言，也會把自己的見解坦然地表露出來。

所以對這種喜歡自由自在、坦然相對的人，千萬不要給他們壓迫感，否則你會把他們嚇怕，令他們從此與你保持距離，以後再取得他們的信任就很困難了。如果你是領導，就該給他們一個輕鬆的氛圍；如果你是他的同事，就該保持平和的態度。

5 眼珠慣於向左右運動的人

對於大部分人來說，眼球向左邊運動是對過往的記憶，向右邊運動則是對未來的、未發生事件的暢想。可能的例外只有左撇子。

當眼球向左運動時，你可能在回想昨天晚餐吃了些什麼，前天去了什麼地方，上個月認識了幾個朋友，諸如此類的問題。當眼球向右運動時，你則可能在計劃明年的生日怎麼過，明天的工作有什麼安排，你的新居要怎麼佈置。可見，在回憶過去和暢想未來時，眼球會朝不同的方向運動。

如果眼球出現了迅速地左右運動的情況，表達的意思又不同。在辯論賽上，我們經常看到這種高頻率的眼球運動。通常，辯論中被詰難的人，眼睛會快速地左右運動，因為他的大腦正在展開忙碌的思考，希望尋找到合適的辦法來應對詰難。可見，一個人在絞盡腦汁思考時，就會出現這種眼球動作。此外，一個人緊張、不安，或懷有警戒心時，同樣會左右運動眼球，因為他們希望在全幅的視野中把握住情況，盡量收集情報，或者試圖穩定心情。

從眨眼透視你的心理秘密

我們每個人都有眨眼現象，成人的眨眼次數一分鐘約二十次。不要少看眨眼這樣簡單的一個動作，它隱藏著你的內心秘密。

眼睛是人們靈魂之窗，當我們和別人見面時，我們第一個動作就是望著人們的眼睛。因此，擁有炯炯有神的眼睛是領袖必要的條件。不信的話，讓我們回到一九八八年的美國總統大選。話說當時，美國有位心理學家對兩位總統候選人米高·杜卡基斯（Michael

布殊在第二次公開辯論時調整心態，令眨眼次數遠比杜卡基斯少。

1998 年兩位美國總統候選人米高· 杜卡基斯（右）及喬治布殊（左）公開辯論時的片段。

Dukakis）及「老布殊」喬治布殊（George W. Bush）公開辯論的眨眼次數作出研究。

在第一場辯論時，布殊的眨眼次數比杜卡基斯多。經統計後發現，杜卡基斯在第一次辯論後的民望比較高。及後，布殊調整了心態，在第二次公開辯論時比較放鬆，而他眨眼的次數遠比杜卡基斯少。結果，在第二輪辯論後，公眾普遍認為布殊比較穩重自信和值得信賴，反之杜卡基斯則比較緊張和飄忽。最後，布殊在大選中勝出。

我們每個人都有眨眼現象，成人的眨眼次數一分鐘約二十次。如果從一分鐘眨眼二十次、一天十六小時醒著來計算，人一天大約就眨眼一萬九千二百次。眨眼很簡單的一個動作，但是它卻代表你心裏的所思所想。

眨眼透視你的心思

一般認為，眨眼有三種：一種是隨意性的眨眼；第二種是保護性的，如當人遇到有潛在危害性的視覺刺激如強光時，會眨眼；第三種是由自主發生的眨眼。據有關研究，第三種眨眼每天約有一萬五千次。

1 眨眼頻率延長：蔑視的表現

眨眼頻率是人們下意識控制下的行動，一個人和對方的談話如果出現不真誠氛圍、厭煩情緒、無趣意味時，他在每次眨眼時會閉上二至三秒，甚至更長的時間，這是他潛意識內希望對方消失在自己的視線中。如果一個人的眼睛一直閉著，那麼說明他完全不想看見對方，他們的談話可以就此完結了。

2 眨眼頻率加快：感興趣的標誌

對方眼睛閃爍，說明他對你們之間的交談興趣濃厚。在一個公司會議上，上司正在暢所欲言，員工都在專心地聽著，但究竟有幾個人的注意力完全集中在上司的話題上呢？員工對上司的話題是否感興趣呢？我們可以看傾聽者的眨眼頻率，然後加以判斷。

3 從眨眼頻率看他是否在撒謊

在正常而放鬆的狀態下，人們的眼睛會每分鐘眨六至八次，每次眨眼時眼睛閉上的時間只有十份一秒。但當人們撒謊時，人們眨眼的頻率會明顯提高，而且人們閉上眼睛的時間會比正常情況長十份一秒。

有關專家進行了進一步的研究，他們將被測者分為兩組：第一組人自由活動十分鐘，活動內容儘量簡單，從而使這十分鐘不會做出任何需要說謊掩蓋的事；第二組人被告知一會兒提問的試題和答案放在哪兒，以便他們測試時可以用到。之後研究人員讓被測者在回答問題時戴上特製的可以測試眨眼頻率的儀器。

結果發現，說真話的人，眨眼頻率會比一般情況微微高一些，這是因為他們怕回答不好問題而產生的焦慮情緒（顯然從語氣中也可以聽出他們有焦慮情緒）；而對於說謊者，他們的眨眼頻率變化非常明顯，先是稍微下降，反映出被測者在思考如果被問到，該如何不留痕跡地撒謊，所以他們自我安慰要保持冷靜，後來在正式說謊後他們眨眼頻率大幅上升，此時眨眼行為是不受大腦控制的下意識行為，而謊言也暴露無遺。

犯下嚴重暴行及持有武器的 35 歲殺人犯 Ricardo Woods 在庭上答辯時，不時作出眨眼動作。

其他有關眼睛的秘密

心理學家珍・登布列在《推銷員如何了解顧客的心理》一文中說道：「假如一個顧客眼睛向下看，而臉轉向旁邊，表示你被拒絕了；如果他的嘴是放鬆的，沒有機械式的笑容，下顎向前，他可能會考慮你的提議；假如他注視你的眼睛幾秒鐘，嘴角乃至鼻子的部位帶著淺淺的笑意，笑意輕鬆，而且看起來很熱心，這個買賣大概就有戲了。」

下面是犯罪心理專家介紹的在交談時怎樣從對方的眼神和視線裡探出對方的真正意圖，讓我們一起來看一下。

1 和你談話時，他的眼睛並不是看著你

如果在說話進入正題的時候，對方不時地移開眼光看向遠處，那麼就表示不是他根本不關心你說些什麼，就是正在計算某些事情。如果你是與對方正在討論你們的合同項目的話，那你就要小心了。

不過，此時也要注意談話對像與你的身份是否對等。通常情況下，人們在與自己的上司交談時，始終注視對方的眼睛的人是極少的，因為人在這時大多數或多或少會有害怕、害羞或者屈卑的感覺。另外，還有一種特殊情況，那就是對方得了眼神恐懼症，得了這種病的人是對任何人都不敢正視其眼光的。

2 對方瞪著你不放時

遇到對方有「啊！事到如今，聽天由命吧！」這種態度，則表示他的謊言或罪過即將被揭穿，此時他瞪著你不放就是一種故作鎮定的姿態。許多罪犯在自己的謊言即將被揭穿時，往往就會瞪著眼睛看著審訊員，以此來偽裝自己。

3 對方眼神閃爍不定的時候

當某人內心正擔憂某件事，而無法真正坦白地說出來的時候，他就會有這樣的眼神。犯罪心理學家認為，這種眼神可理解為對方心裡有自卑感，或正想欺騙你。

當你和朋友見面的時候，看到對方晦暗的眼光，就應該想到對方有不順心的事或發生了什麼意外的事情；而當你和對方交談時，對方的眼睛突然明亮起來，則表示你的話正說中了他心裡最急於表達的事情。

4 眼睛上揚

這是假裝無辜的表情，這種動作是在佐證自己確實無罪。目光炯炯望人時，上睫毛極力往上抬，幾乎與下垂的眉毛重合，造成一種令人難忘的表情，傳達著某種驚怒的心情。斜眼瞟人則是偷偷地看人一眼又不願被發覺的動作，傳達的是羞怯靦腆的信息。這種動作等於是在說：「我太害怕，不敢正視你，但又忍不住地想看你。」

5 眼睛眨動

眨眼的系列動作包括連眨、超眨、睫毛振動等。連眨發生於快要哭的時候，代表一種極力抑制的心情。超眨的動作單純而誇張，眨的速度較慢，幅度卻較大。動作的發出者好像是在說：「我不敢相信我的眼睛，所以大大地眨一下以擦亮它們，確定我所看到的是事實。」睫毛振動時，眼睛和連眨一樣迅速開閉，是種賣弄花哨的誇張動作，好像在說：「你可不能欺騙我啊！」

6 擠眼睛

擠眼睛是用一隻眼睛向對方使眼色，表示兩人間的某種默契，它所傳達的信息是：「你和我此刻所擁有的秘密，任何其他人無從得知。」在社交場合中，兩個朋友間擠眼睛，是表示他們對某項主題有共同的感受或看法，比場中其他人都接近。兩個陌生人間若擠眼睛，則無論如何，都有強烈的挑逗意味。由於擠眼睛包含兩人間存有不為外人知道的默契，自然會使第三者產生被疏遠的感覺。因此，不管是偷偷的還是公開的，這種舉動都被一些重禮貌的人視為失態。

7 眼睛往上吊

這種人心思多，往往心裡藏著不可告人的秘密，喜歡有意識地誇張事實，性格消極，因為心裡有事因此不敢正視對方。

8 眼睛往下垂

這個動作有輕蔑對方之意，要不然就是不關心對方的情形。這種動作的發出者一般個性冷靜，本質上只為自己設想，是任性的人。

以眼觀鼻，以鼻觀心

在人的五官中，鼻子和耳朵是活動最不靈敏的部位。然而，鼻子也有自己的「語言」，我們不妨從對方鼻子細微的語言中，試著「聽出」對方的思想。

在二零一二年四月法國總統大選舉行期間，法國身體語言專家史蒂芬・布納赫發表他對薩爾科齊（Nicolas Sarkozy，法國前總統）及奧朗德等幾位候選人行為的分析觀察。

布納赫告訴記者，人在說話時的習慣性動作和表情，是他「不通過嘴巴說出來的語言」。「一個人講的話，和他結合身體語言表達出來的東西，有著很大的差別。」「過去幾年間，我和我的同事們仔

專家從兩位法國總統候選人薩爾科齊及奧朗德的行為，解讀他們的身體語言。

細研究了薩爾科齊總統的小動作，他常常在無意間抬起右眉、伸出手指或者聳肩膀，這說明他是一個樂意進行表達的人。」

「但薩爾科齊也有內心不安的時候，這時他會撓撓鼻子——當一個人試圖將他知道不真實的東西灌輸給別人時，就會有這樣的動作。」

薩爾科齊小動作多多，說明他是一個樂意進行表達的人。

布納赫表示，他對薩爾科齊的勁敵奧朗德（Francois Hollande）、現任法國總統的左手動作有些擔心。「左手代表一個人的自發性，你常常找不到奧朗德的左手放到哪裡去了，也許要到五月六日（大選第二輪投票）才會出現。」「不過，你總是能看到他的右手，這說明他自制力很強。」

至於被外界視為「黑馬」的極左翼候選人梅朗雄（Jean-Luc Melenchon）和他的極右翼對手一樣愛高舉雙手，「但他舉得似乎有點太高了。」布納赫解釋說，「當一個人演講時，將雙手舉過肩部，說明這人性格有點獨斷專行。」

奧朗德經常將左手收藏起來。

「此外，當梅朗雄講話時，他上唇習慣性地向右上方翹，這個我們叫『狗唇』，是一種鄙視他人的表情。而他右半部的嘴唇總是向下垂，這是苦澀的表現。」

鼻子能提供性格特質的線索

在我們的面部表情中，鼻子的表情非常少，因此它並不是特別可靠的性格「指南針」。盡管如此，鼻子這一部位還是可以富有表情的。而且它也的確能夠提供一定的性格特質的線索——尤其是有些人想方設法掩飾的那些特質。我們可以通過任何微小的變化解讀到更多的面部表情，

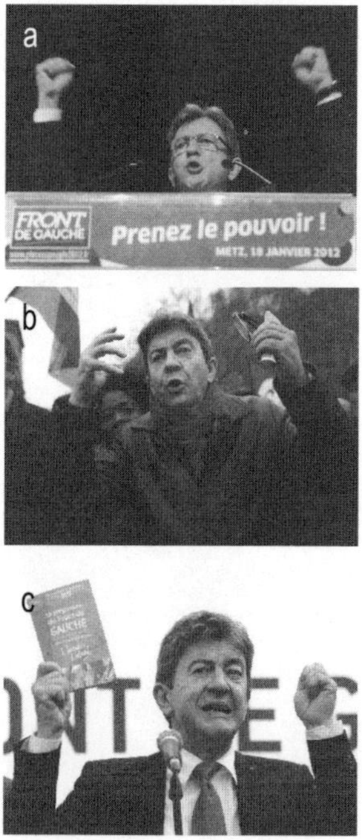

梅朗雄在演講時愛高舉雙手，說明這人性格有點獨斷專行。

從而使我們進一步掌握更多人們不知道的身體語言信息。

身體語言專家稱，雖然鼻子所傳遞的信息遠遠不如眼睛和嘴巴豐富，但它也能提供給我們若干的身體語言信息。比如人們常聽到「他皺起鼻子」這樣的說法。

這說明，鼻子確實能反應某種情緒。皺鼻子的人常常看起來好像他們聞到了一種難聞的氣味。這種習慣性的行為很可能有其自然環境因素，因為吸到一種討厭的氣味皺起鼻子。像「有些東西臭氣熏天」，「有些東西一股魚腥味」，這樣的口語就表示一種厭惡或是吸到一種討厭氣味的反應。

但是，專家指出，這樣一種表情如果再加上一種嚴肅的面容則表示出一種厭惡和輕蔑的態度，從根本上講是一種傲慢、不屑一顧地對待別人的態度。許多文學作品在描寫某人輕蔑的態度時就是用「嗤之以鼻」來形容的。

另外，如果在鼻子兩邊有明顯皺痕，在一定程度上則反映了他們對周圍不滿的情緒多一些。在探員審訊眾多罪犯時，許多人就具有這樣的反應。

鼻子除了能表達輕蔑和厭惡外，還可以表現出傲慢，「傲慢的」表情是以某些人有仰頭習慣為基礎的。文學作品中常把這些人描寫成「鼻子朝天」，好像一切都在他們之下。其他一些常用的特徵描寫包括：「他鼻孔朝天，一副自高自大的神態」，「他仰起鼻子露出輕視的表情」，「他鼻尖朝天，對世界不屑一顧的樣子」。

抬起的鼻子是一種背離重力的姿勢，同時也是一種高度自信的非語言行為。在歐洲，那種將鼻子高高抬起輕視別人的動作可謂屢見不鮮。

有一次，法國的電視節目中就播出了這樣的畫面：當一位政客被問及一個他認為有失身份的問題時，他所做的就是抬高了鼻子，然後俯視著那個記者說：「我想我不會回答這個問題。」這種情況下，他的鼻子就反映了他的輕視態度。

專家告訴我們，那些鼻子朝天、神氣活現而又不直接正視別人的人，往往就是不想和你交往，又希望佔你上風的人。這表示出一種傲慢的態度，希望看你的頭頂而不是與你的目光接觸。所以，遇到有這樣一種行為表示的人就得小心提防！

鼻孔張大也是一種明顯的非語言信息，它表示一個人情緒的高漲。相愛的人常常寸步不離，興奮和充滿期待時，他們的鼻孔就會張大。專家指出，鼻孔張大還是一種意圖線索，表明一個人將要做出某一個動作。

著名犯罪心理學專家喬・納瓦羅就曾說過，作為一名執法人員，在大街上如果看到有人同時做出下列幾個動作：注視下方、雙腳擺成「鬥拳姿勢」、鼻翼擴張，他就會懷疑這個人可能會做三件事：爭論、跑開或打架。所以，如果你身處一個危險的環境或者是一個緊張的氛圍下，一定要注意觀察這種鼻翼擴張的行為。

鼻子的表情除上面所述之外，還有歪鼻子、鼻子抖動、哼鼻子、鼻頭冒汗珠、鼻子顏色泛白等。專家稱，一般情況下，歪鼻子是表示不信任；鼻子抖動是緊張的表現；哼鼻子則含有排斥的意味。鼻頭冒出汗珠時，一般來說，表明一個人的內心特別焦躁或緊張，如果對方是重要的交易對手時，必然是急於達成協議。如鼻子的顏色整個泛白，就顯示對方畏縮不前的心理。

專家還指出，鼻子像鷹嘴，尖向垂成鉤狀，則說明此人陰險凶暴；鷹鼻而眼深者則生性貪婪，不知足；鼻子豎挺，表示這個人的性格堅強，固執己見，通常不會被別人所左右。

從生理學的觀點來看，肌肉能使鼻孔加大張開的程度。帕斯卡爾在描繪克利奧帕特拉那碩大向上的翹鼻子時寫道：「假如它（鼻子）短一些的話，那麼世界的整個面貌都將會改變。」就力量和洞察力方面來講，拿破崙曾這樣說：「給我這樣一個人，他的鼻子應該長得碩大豐滿……每當我需要找別人完成有用的腦力工作時，如果沒有其他合適的人選的話，我總是選一個鼻子長得長長的人。」

鼻子的非語言信息除了其單獨時能表現出的不同含義外，配合其他身體語言時又能表現出不同含義。

比如，思考難題或者極度疲勞的時候，人們會用手捏鼻梁；特別無聊或者遇到挫折的時候，則常用手指挖鼻孔。專家稱，這些觸摸自己鼻子的動作，都可視為自我安慰的信號。

如果有人問我們一個難以回答的問題，我們為了掩飾內心的混亂，而勉強找出一個答案應付時，手會很自然地挪到鼻子上，摸它、捏它、揉它，還可能特別用力地壓擠它，好像內心的衝突會給精巧的鼻子造成壓力，而產生一種幾乎不為知覺的瘙癢感，以至於我們的手不得不趕快來「救援」，千方百計地撫慰它，想要使它平靜下來。這種情形常出現在不會撒謊的人的面部表情上。

chapter

TWO

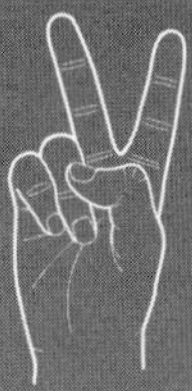

泄密的表情

| 一個關於表情的分析 |

| 微笑能夠隱藏謊言嗎？ |

一個關於表情的分析

和說話一樣，身體語言也有詞組、句子和標點之分，每一個表情或動作就好比一個單詞，而每一個單詞的含義都不是唯一的。

許多人在剛剛學習如何解讀身體語言時經常會犯一個錯誤，那就是將每個表情或動作分拆，在忽視其他相關聯的表情或動作以及大環境的情況下，片面地解讀他人的身體語言。

和說話一樣，身體語言也有詞組、句子和標點之分，每一個表情或動作就好比一個單詞，而每一個單詞的含義都不是唯一的。只有當你把一個詞語放到句子裡，配合其他詞語一起理解時，你才能徹底弄清楚這個詞語的具體含義。

如果你想獲取更準確的信息，就應該連貫地來觀察他人的身體語言。

二零零八年十二月一日，美國總統奧巴馬在芝加哥出席新聞發布會，提名紐約州國會參議員希拉莉為新政府國務卿人選的現場照片。在該發布會上，奧巴馬同時提名國家安全團隊的其他成員。

你能看出奧巴馬和希拉莉二人分別是什麼表情嗎？貌似奧巴馬一臉嚴肅、略有不滿，而希拉莉則一臉微笑、慈祥關愛，對嗎？其實不然。

奧巴馬和希拉莉的表情雖然看起來有雖有天壤之別，但其實代表著同一種情緒：關注與負重。下面我們來看微表情的分析圖：

第一個需要關注的區域是兩個人的眉間（方框標識），都有明顯的皺眉紋出現。皺眉紋一般會出現在憤怒、厭惡、懷疑等心理狀態下，這

些情緒有一個共同特點——對目標的視覺關注。而笑容、恐懼、輕蔑和悲傷的眉間，則不會出現這種皺眉紋。

接下來，可以排除掉的情緒是憤怒和厭惡。因為憤怒的眉梢是上挑的，而圖中兩個人的眉梢都是平的，沒有上挑痕跡；而厭惡的表情，需要鼻子與眼睛接近的一段皮膚輕微皺起，這個特徵在兩個人臉上都沒有出現。

至於懷疑，奧巴馬的眼睛區域（包括眉毛形態、上下眼瞼繃緊程度）是符合懷疑心態特徵的；而希拉莉則沒有上下眼瞼的繃緊和眉毛的整體下壓，所以沒有懷疑的心理狀態。

第二個需要關注的區域是兩個人的嘴（橢圓形標識），都是口輪匝肌收縮，即是抿緊嘴唇。抿緊嘴唇是有壓力的典型表現，一般暗示緘口不言或者非常吃力。仔細觀察的話，奧巴馬的唇間線其實是水平的而不是弧線向下的，之所以會認為他貌似不悅，是大家被其鼻翼到嘴角的兩側深深紋路誤導而產生的錯覺（你可以試著遮擋住這兩條紋路再看看）。

這是經過修改的照片，將嘴角兩側的紋路抹去，方便觀察嘴唇形態。

所以奧巴馬當時並沒有不高興，而是表示壓力很大。而希拉莉看起來是在微笑（嘴唇雙側角略微上翹），但真正的微笑，嘴唇是舒展的，不是緊張的。而且，希拉莉的雙眼外側角並沒有明顯參與笑容的表情動作（遮住下半張臉幾乎不能看出笑意），真正的笑容是會有魚尾紋的，年齡越大越明顯。所以，這些特徵說明她具有很好的公共政治活動修養，而不代表內心有喜悅情緒。

第三個需要關注的區域是剛剛提過的兩個人嘴兩側的紋路和下唇下方的紋路，幾乎如出一轍。兩側紋路的形成，在於嘴唇抿緊壓長之後，與顴肌（顴骨上的肌肉）之間擠壓而成。真正的笑容，頰肌一定會收縮，也就是看起來顴骨部分會略微提升。

這道紋路的出現，再次證明希拉莉的笑容是職業式的假笑。奧巴馬下唇下方的肌肉隆起程度比較大，有兩種可能：其一是在口內用下唇憋了一小口空氣撐起，其二是其遺傳特徵導致的下唇肌肉豐厚發達。

無論如何，三道紋路的相同，說明二人處於同一狀態：緊張，感覺到明顯負擔（如擔負重大責任）。

因此，如果你認為奧巴馬不高興了，那麼你錯了；如果你認為希拉莉是慈祥而喜悅的，那麼你又錯了。其實，他們只是很關注、很重視當時的事情，覺得關係重大，要謹慎對待。

以上講過眼眉的觀測方法，以下我們從嘴巴透視不同人的不同性格特質。

嘴唇的身體暗示

嘴唇是很多身體語言的一個重要信息暗示點，雖然嘴最基本的功能是說話，從出生時我們就用嘴吮吸奶汁，然後在成長過程中，嘴也與我們的情感心理緊密地聯繫在一起。嘴在我們面部的位置居中且明顯，我們經常會呈現不同的嘴形和動作，其在面部表情中蘊涵著豐富的含義。

正如我們前面所述，一個人說話的真實意圖不一定在於他的言辭之間。除了表情與眉毛之外，嘴唇也是一種獲取對方心理活動的有效渠道。嘴唇、眉毛和臉頰都能說明一個人的思想狀態。那麼，嘴巴是如何把面部表情密碼表現出來的呢？

嘴是由上下兩片嘴唇構成的，除了會「撅」能「咧」外，還可以做出諸如「努嘴」、「挑嘴」、「撇嘴」等各種姿勢。

犯罪心理學家稱，在調查案件的過程中，他們發現，嘴部的無聲語言遠遠超過了有聲語言的作用。它可以「一言不發」地告訴你一切。

1 擠壓嘴唇

擠壓嘴唇反映的是壓力或憂慮，當一個人的嘴唇被藏起來時，嘴角會下拉，情緒和自信會跌至谷底，而憂慮、壓力和擔心等會急速上升。

犯罪心理學家發現，在案件的審理過程中，即將出庭作證的人總是習慣於把嘴唇藏起來，這說明他們的壓力很大。在壓力狀態下，藏起嘴唇是再普遍不過的一種反應。

我們常常做出擠壓嘴唇的動作，仿如是大腦在告訴我們閉上嘴巴，不要讓任何東西進入我們的身體。專家指出，嘴唇的擠壓是消極情感的一種反映，它清楚地表明一個人遇到了麻煩，或某些地方出了問題。這種行為很少有積極含義。但是這不表示做這一動作的人存在某種欺騙行為，只能說明他們當時壓力很大。

2 嘴唇縮攏

嘴唇縮攏或將嘴努起來通常是不同意的表現，當然在準備轉變想法時也常常會這樣做。大家可以注意觀察一下，自己或別人說話時有沒有人做出縮攏嘴唇的動作。如果有，說明這個人不同意你所講的內容，或是他正在醞釀著轉換話題。了解這一信息，將有助於我們繼續自己的描述、調試自己的提議或主導一段談話。

犯罪學家指出，嘴唇縮攏這種動作在審訊中是時有發生的。當一方律師陳述時，另一方律師常常會縮攏嘴唇以表示意見不同。法官如果不同意律師陳述，也會做出這樣的動作。另外，嘴唇的收縮還發生在警察審訊的過程中，特別是當掌握的關於某個嫌疑犯的信息不準確時，嫌疑犯會縮攏他的嘴唇表示不同意，因為他知道調查人員弄錯了。而這一信息也可以成為調查人員判斷的一個依據。

在商務活動中，嘴唇縮攏的動作更是屢見不鮮。比如，當有人讀出合同上的某一段內容時，反對者會立刻縮攏他們的嘴唇。另外，在討論晉升人選的過程中，當不太受青睞的名字被提及時，有些人就會縮攏嘴唇。

3 咬嘴唇

犯罪心理學家稱，在調查案件的過程中，他們發現，咬嘴唇常常是一種壓抑內心的憤怒或者怨恨的表情。基本上這是一種表達敵意的安全方法。搖頭的時候咬著下嘴唇是非常憤怒的表現。已故的戴安娜王妃就常常咬嘴唇，很多照片都證實了這一點。她可能是試圖用這種方法來表達對侵犯了她的攝影師們的不友好情緒。

另外，當我們遭遇失敗等情形時，做出咬嘴唇的動作，這也可以說是自我懲罰型的身體語言。

4 舔嘴唇

人們舔嘴唇會有很多原因。可以說明某人沒有說實話或者某人正感到很緊張，通常當人們感到緊張的時候，嘴唇會變乾，所以他們會不由自主地通過舔嘴唇來產生唾液。喝酒或抽煙很多的人經常嘴唇會乾，所以他們往往也愛舔嘴唇。

舔嘴唇還可能是一種調情的習慣。根據這個動作做出來以後的誘惑程度來看，它可能是想用一種性感的方式來吸引別人的注意。

5 抿嘴

如果某人說話時，嘴常常抿成「一」字形，這表明他是個意志堅強的人。犯罪心理學家稱，在審訊犯人的過程中，如果嫌疑犯常常將嘴抿成「一字形」，那麼他們將很難從這個人的口中得到想要的信息。

所以說，一個人堅定不堅定，從說話時的嘴形上便可看出來。根據這一發現，如果你是一個老板，在交給部下去做一項棘手的業務時不妨注意觀察他的嘴形。

6 咧嘴

下嘴唇較突出靠前是一種不舒服、心煩的表現。下嘴唇明顯的突出是一種哭臉或者受消極刺激的表情。如果一個人真的不開心的時候，或者避免遭遇危險（示弱）、尋求同情或幫助時，會有這樣的表情出現。

從上面我們可以看出，嘴唇除了說出有聲語言外，也能為我們提供很多有價值的信息。當然，嘴也受大腦的操縱，也會向我們傳遞一些虛假的信息，比如真笑、假笑和冷笑等，如果細心的話都可以從嘴部顯出端倪。因此，在解讀嘴唇的非語言行為時我們一定要格外細心。

微笑能夠隱藏謊言嗎？

在社交場合，微笑是最好的潤滑劑。可是，有的笑發自內心，有些笑卻是偽裝出來的。英國一名心理學家發現，真笑和假笑不僅可以憑藉面部表情判斷出來，我們還可以通過面部表情分析人們的內心世界。

相信沒有誰會承認自己的笑是裝出來的，但英國研究人員就曾進行一項大型試驗，試圖揭開笑容背後的秘密。

這是查理斯王儲與卡米拉二零零五年結婚前發生的一幕：三月三十一日本應是一個令英國王室高興的日子，因為每年這個時候，英國王儲都要帶著兩個王子到一處滑雪勝地滑雪，出發前還有一個例行的儀式：他們會身穿滑雪服，在記者們面前擺出姿勢，露齒而笑，然後開始度假之旅。

大家都知道查理斯不喜歡記者，但由於只要給記者五分鐘的拍照時間，就可以換取一個假期的安寧，故此查理斯總是很配合。可是，二零零五年的儀式卻讓查理斯大發牢騷。記者們擺好陣勢，查理斯父子三人手挽手站到記者面前，查理斯下意識地問威廉王子：「接下來我該怎麼做？」

「保持笑容就可以了。」他的很酷的兒子提醒他。誰知道，聽到這句話後，查理斯突然冒出一句令現場記者難堪不已的話：「該死的！我討厭做這種

查理斯王儲的笑容勉強，跟兩位王子的笑容有很大對比。

事！」但現場記者隨後看出查爾斯的臉上掠過一絲微笑。可是，他臉上的表情騙得了記者，卻騙不了心理學家。

英國赫特福德大學心理學家理查德・懷斯曼教授表示，查里斯的這種表情「也許是我所見過的最勉強的、最難以令人信服的笑容。」懷斯曼教授曾進行一項測試分辨微笑真偽的能力的實驗，他說，查里斯王儲的笑容就是一本典型的教科書：不想笑就不要去假裝微笑，偽裝熱情和快樂。

父子三人表情各不同

懷斯曼教授分析說，雖然查里斯王儲的嘴向兩側撇開，綻放出與小丑差不多的笑容，但除了嘴以外，面容剩餘部分看上去相當冷漠。儘管如此，他的這種表情遠遠沒有深皺眉頭那樣能更好地掩飾自己的真實情感。

最明顯的地方是他兩眼周圍沒有微笑起來特有的折皺，這是假笑時最難做出的面部特徵。我們唯一可以看見的是他滿臉歲月不饒人的皺紋。懷斯曼教授說：「他露出了牙齒，而表情完全是由臉的下部產生的。如果你蓋住臉的下部，那麼就可以看到他臉的上部幾乎沒有什麼表情。」

這種表情透露出此人非常具有侵略性，動物在感到自身受到威脅時也會這樣露出它們的牙齒。然而，為了讓這種「露齒」在社會上被接受，它又將勉強的笑容結合起來。這就好像在說：「我生氣了，但卻無法將這種怒火表現出來，因而，我就假裝微笑。」顯然，假笑事實上正說明他真正感到憤怒。

你能分辨真笑和假笑嗎？

微笑常被認為是一種展示幸福、快樂、對人友

真笑最明顯的地方是他兩眼周圍沒有微笑起來特有的折皺，這是假笑時最難做出的面部特徵。

善的信號，微笑有感染力，當你向某人微笑時，無論真假與否，對方一般都會自然地回饋給你一個甜美的微笑。但是微笑就能代表對方是真誠的嗎？答案是否定的。微笑也能隱藏謊言！

通過一系列的試驗，心理學家發現了如何識別偽裝的微笑。這對於我們這樣擁有識別面部表情能力的人來說是個好消息；然而，在那些慣於隱蔽在虛偽笑容後的人看來，卻是個糟糕的壞消息。

人們能發現，強顏歡笑和眉開眼笑給人的感覺是不同的。一篇曾在英國《實驗心理學季刊》上發表的研究結果顯示，真笑和假笑是能聽得出來的。

從持續時間判斷真笑或假笑

英國倫敦大學的研究人員招募了一些志願者，讓他們分別收聽了真實的笑聲和偽裝的笑聲，結果發現，人們能夠比較準確地辨別兩種性質完全不同的笑聲。

這項研究的負責人，認知神經科學教授索菲婭・斯科表示，真笑和假笑會激活大腦中的兩個不同區域，假笑會讓大腦內側前額葉皮質更為活躍，而真實的笑聲只激活了顳葉中的聽覺區域。

研究人員進一步表示，從微笑表情來說，真笑、假笑也有一些差別，真的笑容只是四份一秒的細微表情，而假笑維持的時間比較長，一個笑容持續超過五秒鐘，就很有可能是假的。

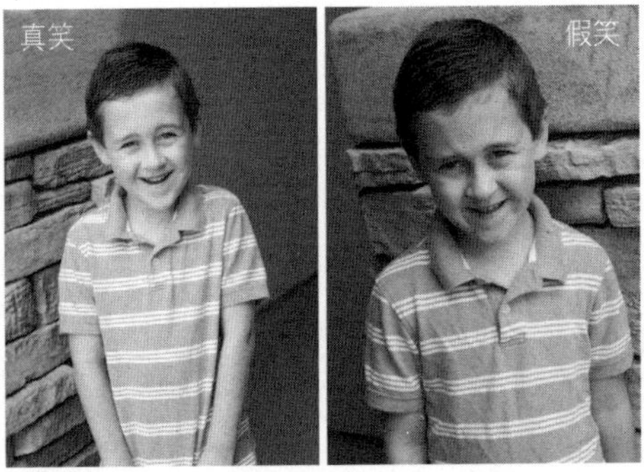

專家指出，從人的微表情來說，真笑、假笑也有一些差別。

識別偽裝的微笑

通過一系列的試驗，專家發現了如何識別偽裝的微笑。這對於我們這樣擁有識別面部表情能力的人來說是個好消息；然而，在那些慣於隱蔽在虛偽笑容後的人看來，卻是個糟糕的壞消息。

「自然地參與並且區分，在由衷暢懷的微笑和敷衍勉強的微笑的不同情況下；所凸顯出的信任和合作等問題。此外，這樣的敏感性會引領在社會適應方式裡的相互交流。」

儘管面部表情的變化速度很快，我們仍然可以察覺這微笑是否反映了真誠的正面情緒。不僅如此，我們的外在行為也會依據我們所判別的微笑類別而自動變化。由衷流露出的開懷微笑散發出可以信賴的氣息，使人們覺得可以與之合作。

在日常生活在能夠識別真誠的微笑和偽裝的微笑很重要：擁有這種能力，

可以精準的判別出他人是否值得信賴，協助當事人識別出合作者，同時也減少共事風險。

誠然，大多數人有時會敷衍的假笑來維持禮節得當。但當事態發展到可信度也顯得重要時，我們顯然會變得自動善於識別出真誠的微笑，並給予對方我們的信任。

異曲同工的研究及定論

笑是人們日常生活中用得最多的表情之一。美國精神病學專家威廉・弗賴依博士強調：生活裡不能沒有笑聲，沒有笑，人們就容易患病，並且容易患重病。但是，形形色色的笑容並不都是發自內心的。下面就告訴您怎麼區分真假笑容。

對此，美國加州大學心理學家保羅・埃克曼教授和肯塔基州大學的華萊士・V・法爾森教授經過多年研究，設計出一套識別面部表情的編碼系統，能夠成功破解人們的真實表情，包括真笑和假笑。他們的研究成果搬入熱播美劇《別對我說謊》，受到追捧。埃克曼教授也在二零零九年五月被列入美國《時代周刊》「全球最有影響力一百人」名單。

試驗證明，喜悅產生的自發笑容（真笑），和故意收縮面部肌肉引起的偽裝笑容（假笑）是不一樣的。

真笑時嘴角上翹、眼睛眯起。此時，面部主管笑容的的顴骨主肌和環繞眼睛的眼輪匝肌同時收縮。因為真心流露的笑容是自發產生的，不受意識支配，因此，除了反射性地翹起嘴角之外，大腦負責處理情感的中樞還會自動指揮眼輪匝肌縮緊，使得眼睛變小，眼角產生皺紋，眉毛微微傾斜。

假笑時只有嘴角上提。偽裝的笑容是通過有意識地收縮臉部肌肉、咧開嘴、抬高嘴角產生。與真笑不同，此時眼輪匝肌不會收縮，因為眼部肌肉不受人的意識支配，只有真的有感而發時才會發生變化。有些人假笑時動作很誇張，面部肌肉強烈收縮，整個臉擠成一團，給人造成眼睛眯起來的假像。但注意，此時，眼角的皺紋和傾斜的眉毛是沒有辦法偽裝的。

換句話說，遮住一個人面部的其他部位，只露出眉毛和眼睛，若是真笑，依然能看出來他在微笑；若是假笑，就只能看到一雙無神的眼睛了。

索。

因此，要想知道別人是真心地笑還是虛偽地笑，眼睛和眉毛是最重要的線

但是，現實生活中，無論真笑假笑，只要投入去笑，都對身心有益。因為開心地真笑時，大腦的愉快中樞會興奮；而努力假笑時，這個動作也會刺激大腦中與愉快感覺有關的相關區域。所以，當感到失落、鬱悶、難過的時候，不妨對著鏡子，咧嘴提起嘴角，同時下拉眉毛，眯起眼睛，盡量做出一個真笑的動作，試著感受笑容帶給你的放鬆與寬心。

chapter

THREE

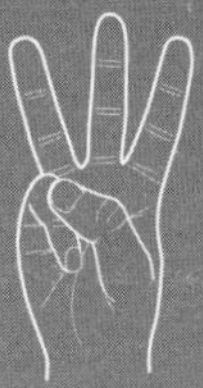

肢體動作的背後訊息

| 肩膊的身體語言 |

| 嘴上花言巧語，手卻泄露了秘密 |

| 小手勢，大秘密 |

| 從雙腿窺探性格密碼 |

肩膊的身體語言

身體語言專家、前FBI反間諜活動專家Joe Navarro指出，身體語言往往比說話更易披露真正情緒。不過平日較能引起我們注意的，多數是別人的臉部表情，或者四肢動作，卻忽視了雙肩的重要性。

肩膊跟我們的思想和身體狀態息息相關，例如有疑惑的人會聳聳肩；害怕的人會縮起雙肩；疲倦、生病的人會弓起背，肩頭向前彎；沮喪、沒自信的人，肩頭會往下垂；自信、有威望、精神奕奕的人，雙肩因為挺胸而向後。

英格蘭足總在二零一二年宣布，由鶴臣（Roy Hodgson）接掌英軍主帥。不過，由於鶴臣二零一零至一一年執教英超球隊利物浦時戰績低落，加上受歡迎程度明顯不及原本的接任領隊哈利列納，鶴臣自知上任後路難行，這種壓力亦在他的身上反映出來。

鶴臣甫上任後，隨即向外界高呼：「在三十六年的教練生涯曾在八個國家執教，更曾率瑞士和芬蘭取得佳績，我的履歷絕不比其他人差，如果現在球迷與輿論都不支持我，那希望我能『做好呢份工』來改變他們的看法，證明我是帶領英軍的最佳選擇。」

學者：鶴臣姿態似被迫

雖然鶴臣高呼全國團結，但一向以苛刻見稱的英國傳媒，隨即找來身體語言學家分析鶴臣的言行，結果得出「老態龍鍾」、「駝背」等結論，又由於鶴臣經常將英文字母「R」唸成「W」，英國《太陽報》更乘勢在頭版標題惡搞他口齒不清，將「Bring On The Euros」（率領英格蘭出征歐洲國家盃）寫成「Bring On The Euwos」。至於標題內Ukraine（烏克蘭）與France（法國）也被以相同手法替換。

英國《星報》亦找來身體語言學家茱迪．占士分析鶴臣在記招上的言行動作，她表示鶴臣的肩膊看來像駝背，經常低頭則顯示他十分服從，她甚至指出鶴臣像臨時拉伕上陣似的：「他瞇起雙眼，嘴巴張開，像是被人拖出街，強迫接受任命似的。」

鶴臣在出任英格蘭足球教練的記招上，面對記者的尖銳問題，表現誠惶誠恐。

THE Sun

STILL ONLY 30p

Cowell: I created Cole

86 DAYS TO GO

SUMMER HOLS £15

WORTH £15 FREE TRAVEL HAIRDRYER

WOY GETS ENGLAND JOB

BWING ON THE EUWOS!

(We'll see you in Ukwaine against Fwance)

《太陽報》在頭版標題惡搞鶴臣口齒不清。

肩膀能表達多種情緒

肩膀從生理學的角度來看，主要起著連接作用。為保證胳臂既能夠運動自如又具有一定力量，肩膀必須在韌性與力量間尋求一個平衡。從身體語言的角度來看，肩膀則可以起擴大或縮小身體範圍的作用，同時也可以表達威嚴、驚恐、依賴、攻擊、膽怯、失落等諸多含義。

肩膀對於男性來說，既是力量的象徵，也和男性尊嚴地位緊密相連。所以男性肩膀以寬厚為美，我們還可以通過墊肩、披風來加強效果，或者故意將衣服披在肩上，以彰顯自己的男子漢氣概。

軍人的軍裝上常用肩章來進行裝飾，對於有功的軍人，還可在肩上斜披綬帶。由力量再演化成責任的含義，所以我們常說「肩上的擔子很重」。

肩膀也常反映出一個人的狀態。曼聯前領隊費格遜在歐冠決賽落敗時，肩部是耷拉的。媒體在報道時，很多都用「費格遜罕見地低落」為標題來描述此圖。與費格遜相對應的是獲勝方的巴塞隆拿前教練哥迪奧拿，肩部則顯得舒展。雖然幅度差別不是太大，但足以顯示狀態的差異。

美國的身體語言專家勞溫分析說，當一個人滿腔憤怒時，會將雙肩往後聳；聳肩則表示不安、遺憾或恐怖（不全面，聳肩有時誇耀的成分）；使勁張開雙臂的肩膀代表著有強烈的責任感（有時也有振作精神、準備做某項事的含義）；而當自感負擔太重時，人往往會無意識地將雙肩向前挺出，似乎在暗示肩部不堪重負。

肩部同時也可反映人們之間的親疏程度。關係很好的朋友可以手搭在對方肩上談話，情侶或夫妻之間，還常見女方將頭依靠在男方肩上的姿勢，其中含有甜蜜、依賴之意。帶有敵意的兩個人，也常用肩部說話，即故意用肩部去撞擊對方的肩部，這意味著挑釁，因為侵犯了對方的身體空間；而如果對對方有警惕之心或不想正面回應對方的逼人姿態，人們也可能採取側肩姿勢。

已故流行天王米高積遜的私人醫生默里，在被刑事檢控誤殺罪前後的心情，可從其肩膊姿勢中看出來。

嘴上花言巧語，手卻泄露了秘密

大家都知道通過觀察面部表情來了解對方的心理，但卻很少注意到手部動作的作用，在很多時候，身體動作會在不經意間表露出一個人的心理。

很多時候，人們出於某種目的會刻意隱瞞真實想法，如欺騙感情、騙取信任、詐騙金錢等。然而，就算我們嘴上的花言巧語再多，手都會不知不覺泄露撒謊者的秘密，因為手部動作不像面部表情經常會加以偽裝，即使我們沒什麼事情要做，手也會不自覺地動起來，正是這些不經意的小動作，暴露了人們內心的想法。

有一段時間，乒乓球壇「常青樹」華拿（Jan-Ove Waldner）總是中國乒乓選手奪冠路上的攔路虎。為了找到華拿的軟肋並戰勝他，中國乒乓球隊的教練員和運動員通過重覆看錄像，終於發現每當華拿在比賽最緊張的時候，他都會下意識地提一下襪子。

「後來，我們和華拿打比賽的時候，只要看到他提襪子，立刻就有招了，而且很靈。」世界冠軍王濤這樣說道。華拿不經意間的動作卻暴露了自己的弱點，正是身體表情的真實表現。

根據相關研究，一個人向外界傳達完整的信息，單純的語言成分只佔7%，而55%的信息都需要由非語言的體態來傳達。同時因為身體語言通常是一個人下意識的舉動，它也很少具有欺騙性，所以在想了解他人的心理狀況時，身體動作是一個很好的參考工具。

乒乓球壇「常青樹」華拿曾是中國乒乓選手奪冠路上的攔路虎。

手的玄機

觀點傾向——手勢不是「白做」的：

只要對一個人談論某個觀點或意見時的手部動作稍加觀察，就能發現他對該觀點的態度。

如果在開會討論某個觀點時，你發現坐在對面的同事在發言時，輔以右手來做輔助手勢（左撇子正好相反），你就可以基本斷定他對該觀點持贊同的態度——因為手勢不僅可以吸引對方注意，更重要的是可以加強談話的效果。手勢的動作幅度或力度越大，說明對該觀點的傾向越大。

期望度——手掌相互摩擦：

這樣的動作有兩層含義：除了對眼前事情有較高的期待度，最典型的例子就是當我們玩骰子時，如果期望出現一個好點數時，往往都會把骰子在手掌間搓幾下再投出去；另外就是對眼前事物的有著一定把握性，在許多文學作品的描寫中，躊躇滿志的人總喜歡做出雙手摩擦的動作。

當然，和西方人相比，我們做這樣的動作不會非常明顯，往往會以雙手相握的方式來掩蓋，而摩擦的部位大多是手掌邊際或拇指下方的部位。

當然有一點需要補充的是，如果有人因為天氣冷而搓手，可千萬不要理解成這樣的含義。

自信的姿態——指尖相對：

和手掌摩擦相比，一個人如果做出雙手指尖相對動作，則更加清楚地表明：此人對某事胸有成竹，或者是自信度非常高。細心觀察的話，會發現這種手勢經常出現在上級和下級對話的場合。如果有人就某個問題做出這樣的手勢，你就應該知道對方比較有把握了。而一個人在指尖相對和手指交叉的動作中頻繁地變換，則表明了這個人處於一個對事態進行衡量、評估的狀況。

抉擇時刻——手指摩擦手掌：

處於懷疑或需要抉擇的情況下，人們通常會不自覺地用手指去搓或者去摳手，最典型的行為就是手握成拳狀，拇指與其他手指搓動，或雙手相握時，用一隻手的拇指搓或輕摳另外一隻手的手掌心。根據心理學的研究，這種手部方式的接觸往往有安慰大腦、減壓的功效。

思考或是敷衍——手部撐臉：

這個動作我們經常能夠在聽課或是開會時見到，但其中的含義卻非常豐富。如果你的同事在你發表意見時，將手放在下巴或者臉頰處，同時食指、中指豎立緊貼面頰或是撫摸下巴，則說明這個人正在分析思考你的話語。但如果他對你的話題失去興趣，卻又不得不表現出感興趣時，你會發現，支撐的部位會發生變化——不再是手指，而是手腕。

www.truth.co.nz

April 11-17, 2013 Truth 3

Caught in a lie

Shearer's face tells a sorry story of dodgy doings

DAVID SHEARER is under fresh fire over his 'forgotten' offshore bank account – and this time the criticism is not coming from National, but from a leading behavioural science expert who believes the Labour leader has some serious explaining to do.

Just days after Shearer accused Prime Minister John Key of not coming clean over his role in the appointment of the head of the country's spy agency, there are major questions about whether the Labour leader was entirely truthful about a bank account held in his name at the United Nations.

It's the first time the leader of a major New Zealand political party has come under this type of scrutiny from a company with standing in the scientific community.

SDL Behavioural Science Consultancy, which has clients in Australia, the United States, the UK, Canada and Germany, recently analysed video footage of Shearer's responses to media questions about the offshore account.

On this occasion and against a background of growing cynicism towards all politicians, and disenchantment by many with the political process, Shearer appears to have come up well short.

Most of the questions were devoted to claims by Shearer that he drew a blank over the account and forgot to include it in the Parliamentary statement of pecuniary interests.

What's more, he claimed to have no idea how much was even in the account.

Company spokesman Stu Dunn said in one clip he analysed Shearer using "distancing language" where he played down the issue and deflected questions. about the amount in the account.

Dunn said he didn't come across as terribly credible or sorry for his 'forgetfulness'.

He also 'over used' the raising of eyebrows as if he was asking to be believed.

Dunn believed there was strong evidence to show there was several hundred thousand dollars in the account.

There were other examples where Shearer was clearly stressed and was contradicting statements he had made.

All these behavioural responses, he said, went to the heart of whether Shearer was being truthful or not, Dunn said.

Dunn pointed to the question where Shearer was asked how much cash was in the offshore account. The response, he said, was glib at best.

He also referred to a point in the interview where Shearer raised his eyebrows, saying this was often done in the hope those watching would believe the story they were being told. There are numerous other examples as well.

Dunn claimed there were also major questions over Shearer's apology over the whole matter because of the way it was delivered. Because his left shoulder was raised higher than his right, that tended to indicate a lack of conviction in what was being sold.

Disgust

Anger

Deflecting the attention from himself to John Key, trying to make what Key said as deception, while making his own forgetfulness honest. Is the problem that there is so much money. David Shearer laughs.

Clasps his hands together into a frustration gesture, self restraint. Generally a sign of frustration and anger.

"Are you a rich prick?" Based on his avoiding answering the question; yes.
"Need to do your research" he says this while shaking his head, slightly contradicting.

My private...savings", he flashes anger, and indicates that the word "savings" isn't what he would personally call it, but is likely to be a euphemism; using this word as it would be received by the public more openly.

Shearer got caught, not expecting to hear that Key opens his books. His mouth twitches then smiles briefly, appearing like a controlled wince.

Mad-looking smile. He knows he's lost the argument.

More deflections, attempting a guilt-trip statement (resent the fact) while shaking his head slightly – slightly contradictory.
Contempt, "regret not putting it on..."

Lip press – this is common for holding one's self back from talking, or suppressing emotion (often anger)

Re 'Not a rich prick?' Shearer stutters, takes a quick breath, then uses the euphemism of 'fortunate' to play down his real financial position while continuing to point the attention to Key "not in league with PM"
Another lip press.

Tongue manipulator. As this is the first time we see this, it's highly likely this is a sign of stress.

前英國黨魁 David Shearer 在 2013 年被揭發在一個美國銀行戶口內，有超過 5 萬元的未申報存款。他在接受訪問時雖硬擠出多個表情，卻難掩謊言。

小手勢，大秘密

一個無心的眼神，一個不經意的微笑，一個細微的小動作，就可能決定了你的成敗——是的，那些被我們所忽略的微小的身體語言，就是有著如此之大的威力。

很多時候，人們出於某種目的會刻意隱瞞真實想法，如欺騙感情、騙取信任、詐騙金錢等。然而，就算我們嘴上的花言巧語再多，手都會不知不覺泄露撒謊者的秘密，因為手部動作不像面部表情經常會加以偽裝，即使我們沒什麼事情要做，手也會不自覺地動起來，正是這些不經意的小動作，暴露了人們內心的想法。

克林頓在萊溫斯基的性醜聞案，被踢爆大話連篇。

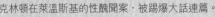

前美國總統克林頓二零零八年與白宮女見習生萊溫斯基的性醜聞案，相信大家都依然記憶猶新。連同克林頓在政治上及私生活中一次又一次臭名昭著的謊言，更一度令他名譽掃地。他甚至因此躋身四大「美國史上最能撒謊總統」其中一席，與布殊父子及列根三位前美國總統並駕齊驅。

雖然克林頓撒謊技巧看似老練，但身體語言專家還是可以憑蛛絲馬跡，揭穿他的謊言。

記得克林頓起初否認與萊溫斯基有染，他當時的公開答辯如下：

"I did not have sexual relations with that woman, Miss Lewinsky. I never told anybody to lie, not a single time. Never. These allegations are false."

轉換成中文的意思是：「我沒有和那個女人，萊溫斯基小姐發生過性關係。我從沒有讓別人去撒謊，一次都沒有。從來沒有。這些指控是假的。」語

萊溫斯基的性醜聞案，一度令克林頓名譽掃地。

氣平和，語速和頓句正常。

克林頓的動作是，用右手食指，快速、多次向前下方發力指點，但眼睛看著自己的左前方，恍似在跟某一個具體對象說話。

一邊是以平和的語言堅決否定著被指控的內容，訴說對象是眼睛關注的那邊（不一定具體針對某個人），一邊卻不由自主地用手指向講話應當面對的方向，表達了輕蔑和憤怒。這兩種表達方式中，手指的動作是不由自主的，可信度高於經過思維整理出的語言，面孔和眼睛的轉向是有意為之（回避）的。所以憤怒的情緒才是他的真實心理。

試想一下，如果因為指控屬於污蔑而引發真的憤怒，自覺有理，底氣充足，但鑒於總統的地位和應有的修養，語言和動作會整體趨於克制，因此會正面予以否定，不會出現這麼明顯的不敬和攻擊意識（手指的動作）。即使是被憤怒沖昏了頭腦，丟掉了做總統應有的禮儀氣派，也應該是被罵得急了眼的樣子，全身上下一致對外，手眼協調。

恰恰這位前總統在試圖克制的表述過程中流露出了憤怒的情緒，而憤怒反應的可信度要遠遠高於語言，所以推導出了一個震驚世人的結果——憤怒的情緒是真實的（惱羞成怒），頭和眼睛的轉向就變成了回避，回避代表心虛，結論已經很明顯了。

這就是通過攻擊性動作判斷出憤怒情緒，用於分析是否說謊的經典案例。

如果說僅僅因為手指的方向和訴說的方向不同，就能認定說謊，那是對克林頓的不負責任。因為通過互聯網搜索，你還可以找到大量克林頓本人以及其他著名人士在演說時，面孔、眼睛和手指的方向不同的案例，無法僅通過這一條標準來判定都是在說謊。要靠情緒和語言之間的矛盾來判斷。

說謊時運用的手勢

一個無心的眼神、不經意的微笑、細微的小動

萊溫斯基的性醜聞案，令克林頓險遭彈劾。

作，就可能決定了你的成敗。我們能夠辨認的面部表情有二十五萬多種，但這只是身體語言中的一小部分。就是這些身體語言，決定了我們在與他人的交往中是掌控別人，還是為別人所掌控。

1 用手遮住嘴巴

下意識地用手遮住嘴巴，表示撒謊者試圖抑制自己說出那些謊話。有時候人們是用幾個手指或緊握的拳頭遮著嘴，但意思都一樣。有的人會假裝咳嗽來掩飾自己遮住嘴巴的手勢。

對於會議的發言人來說，如果在發言時看到有聽眾捂著嘴，那是最令人不安的手勢之一，那表示他們認為你可能隱瞞了某些事情。遇到這種情況，你應該停止發言並詢問聽眾，「大家有什麼問題嗎？」或者「我發現有的朋友不太贊同我的觀點，讓我們一起探討一下吧。」值得注意的是，聽眾們雙臂在胸前交叉的動作，與遮住嘴巴的手勢有著相同的含義。

2 觸摸鼻子

觸摸鼻子的手勢一般是用手在鼻子的下沿很快地摩擦幾下，有時甚至只是略微輕觸。和遮住嘴巴一樣，說話者觸摸鼻子意味著他在掩飾自己的謊話，聆聽者做這個手勢則說明他對說話者的話語表示懷疑。

美國芝加哥的嗅覺與味覺治療與研究基金會的專家發現，當人們撒謊時，就會釋放出兒茶酚胺的化學物質，引起鼻腔內部的細胞腫脹。此外撒謊亦引起血壓上升，血壓增強導致鼻子膨脹，令鼻腔的神經末梢傳送出刺癢的感覺，於是令人頻繁地用手摩擦鼻消癢的情況。

美國的神經學者深入研究了克林頓就萊溫斯基性醜聞事件向陪審團陳述的證詞，他們發現克林頓說真話時很少觸摸自己的鼻子。但只要克林頓一撒謊，他的眉頭就會在謊言出口之前不經意地微微一皺，而且每四分鐘觸摸一次鼻子，在陳述證詞期間觸摸鼻子的總數達到二十六次之多。

不過，我們必須記著：觸摸鼻子的手勢需要結合其他的身體語言來進行解讀，有時人們做出這個動作只是因為過敏或感冒而摸鼻子。

3 怎樣才是正常的鼻子發癢

單純的鼻子發癢往往只會引發人們反覆摩擦鼻子這個單一的手勢，而和人們整個對話的內容、頻率和節奏沒有任何關聯。

4 摩擦眼睛

當一個小孩不想看見某樣東西時，他會用手遮住自己的眼睛。大腦通過摩擦眼睛的手勢企圖阻止眼睛目睹欺騙、懷疑和令人不愉快的事情。電影的演員常用擦眼睛的手勢表現人物的偽善。

男人在做我不想看它這個手勢時往往會使勁揉搓眼睛；如果他試圖掩蓋一個彌天大謊，則很可能把臉轉向別處。相比而言，女人更少做出摩擦眼睛的手勢，她們一般只是在眼睛下方溫柔地輕輕一碰。

這一方面是因為淑女風範限制她們做出粗魯的手勢，另一方面也是為了避免弄壞妝容。不過，和男人一樣，女人們撒謊時也會把臉轉向一邊，以躲開聽話人注視的目光。

5 抓撓耳朵

小孩為了逃避父母的責罵會用兩隻手堵住自己的耳朵，抓撓耳朵的手勢則是這一肢體語言的成人版本。抓撓耳朵的手勢也有多種變化，包括摩擦耳廓背後，把指尖伸進耳道裡面掏耳朵，拉扯耳垂，把整個耳廓折向前方蓋住耳洞等等。當人們覺得自己聽夠了，或想要開口說話時，也可能會做出抓撓耳朵的動作。

抓撓耳朵也意味著當事人正處在焦慮的狀態中。英國王儲查理斯王子在步入賓客滿堂的房間，或者經過熙攘的人群時，常常做出抓撓耳朵和摩擦鼻子的手勢。這些動作顯示出他內心緊張不安的情緒。然而我們從未看到查理斯王子在相對安全私密的車內做出這些手勢。但在意大利，抓撓耳朵的動作常被視為女性化的表現，甚至被當作同性戀的象徵。

6 抓撓脖子

抓撓脖子的手勢是：用食指（通常是用來寫字的那隻手的食指）抓撓脖子側面位於耳垂下方的那塊區域。

根據觀察得出結論，人們每次做這個手勢，食指通常會抓撓五次。食指運動的次數很少會少於五次或者多於五次。這個手勢是疑惑和不確定的表現，等同於當事人在說，「我不太確定是否認同你的意見。」當口頭語言和這個手勢不一致時，矛盾會格外明顯。比如，某個人說「我非常理解你的感受」，但同時他卻在抓撓脖子，那麼我們可以斷定，實際上他並沒有理解。

7 拉拽衣領

撒謊會使敏感的面部與頸部神經組織產生刺癢的感覺，於是人們不得不通過摩擦或者抓撓的動作消除這種不適。

這種現象不僅能解釋為什麼人們在疑惑的時候會抓撓脖子，它還能解釋為什麼撒謊者在擔心謊言被識破時，就會頻頻拉拽衣領。這是因為撒謊者一旦感覺到聽話人的懷疑，增強的血壓就會使脖子不斷冒汗。

當一個人感到憤怒或者遭遇挫敗的時候，也會用力將衣領拽離自己的脖子，好讓涼爽的空氣傳進衣服裡，冷卻心頭的火氣。當你看到有人做這個動作時，你不妨對他說「麻煩你再說一遍，好嗎？」或者「請你有話就直說吧，行嗎？」這樣的話會讓這個企圖撒謊的人露出他的馬腳。

8 手指放在嘴唇之間

將手指放在嘴唇之間的手勢，與嬰孩時代吸吮母親的乳頭有著密切的關係，是潛意識裡對母親懷抱裡的安全感的渴望。人們常常在感受到壓力的情況下做出這個手勢。

幼兒會將自己的拇指或者食指含在嘴裡，作為母親乳頭的替代品，而成年人則表現為把手指放在嘴唇之間，或者吸煙、叼著煙鬥、銜著鋼筆、咬眼鏡架、嚼口香糖等。

從雙腿窺探性格密碼

人的心理狀態不論如何掩蓋和偽裝，都會通過一言一行清楚地表現出來。一個人的坐姿在很多時候也是一個人的個性的顯露。所以，對於身體語言專家來說，即使是初次見面的人，他們也可以通過觀察對方的坐姿，對其性格特徵、心理活動等作出準確的判斷。

一九四三年底，蘇聯（今俄羅斯）、美國、英國三巨頭在德黑蘭舉行會議。因為受到第二次世界大戰形勢的影響，在會上三位巨頭的坐姿各不相同。蘇聯當時的最高統帥史大

（由左至右）史大林、羅斯福和丘吉爾三位二戰時期的領導人坐姿各不同，反映了各自的盤算。

林雙腳腳踝交叉，雙手互握放於小腹前，看起來處於封閉狀態；美國總統羅斯福蹺起二郎腿，一手放在膝蓋上，一手搭在椅子的扶手上，雙眼遠望，一副躊躇滿志、意氣風發的樣子；至於英國首相丘吉爾，則雙腳腳踝交叉，身子向後靠攏，頭微微低著，看上去憂心忡忡的樣子。

不同的坐姿，不僅表現了人不同的性格，也表現了當時人物內心的情感狀況。

著名精神分析學家弗洛伊德曾說：「任何人都無法保守內心的秘密。即使他的嘴巴保持沉默，指尖卻喋喋不休，甚至每一個毛孔都會背叛他！」每個人在坐著時都會呈現出不同的姿勢，有的人喜歡蹺著二郎腿，有的人喜歡雙腿並攏，而有的人喜歡兩腳交疊，真是各種各樣，千奇百怪。那麼，不同的坐姿又反映了什麼各自不同的心理呢？

坐姿是一個人個性的顯露

在心理學家的眼裡，人的心理狀態不論如何掩蓋和偽裝，都會通過一言一行清楚地表現出來。一個人的坐姿在很多時候也是一個人的個性的顯露。所以，對於專家來說，即使是初次見面的人，他們也可以通過觀察對方的坐姿，對其性格特徵、心理活動等作出大概的判斷，得知對方的性格特徵。

1 正襟危坐，兩腳並攏並微微向前，整個腳掌著地

習慣於這種坐姿的人通常比較真摯誠懇，襟懷坦蕩。這種人的特點是做事有條不紊，但容易因做事過份認真，令做事拘泥於形式而顯得呆板。雖然從外表看來，這種人有些冷漠，但這都是假象。因為有著這種坐姿態的人通常都是個內心真誠的人。另外，他只做那些有把握的事，從不冒險行事，因此缺乏足夠的創新與靈活性。

2 蹺著二郎腿坐著

如果一個人蹺著二郎腿坐著，無論哪條腿放在上面，表現都很自然。這種人通常都比較自信，懂得如何生活，與周圍的人相處得也比較融洽。如果是蹺著二郎腿坐著，並且一條腿勾著另一條腿，那說明這個人為人比較謹慎、矜持，沒有足夠的自信，做事甚至有些猶豫不決。而周圍的人也會認為他的性格太複雜。不過由於這種人的吸引力和分寸的把握度還不錯，所以他還是能夠得到大家的正確評價，並獲得大家的喜歡。

3 腳尖並攏，腳跟分開地坐著

習慣於這種坐姿的人通常做事易猶豫不決，因此有時過分的一絲不苟將影響其變通性。這種人習慣獨處，交際只局限在他感覺親近者的範圍內。不過，這種人很有洞察力，能以最快的速度對他人的性格作出準確的分析和判斷。只是有時有點過高評估自己的能力。

4 將兩腿和兩腳跟緊緊地並攏，兩手放於兩膝蓋上，端端正正坐著

這種人一般性格內向，為人謙虛，對於自己的情感世界很封閉。不過，這種人雖然行動不多，卻踏實努力，他們能夠埋頭為實現自己的夢想而奮鬥。他們堅信的原則是「一分耕耘，一分收穫」，因此他們極端討厭那種只知道誇誇其談的人。

這種坐姿的人常常喜歡替他人著想，正因為如此，他們雖然性格內向，朋友卻不少，因為大家尊重他們的為人。

5 把兩膝蓋並在一起，小腿隨著腳跟分開成一個「八」字樣，兩手掌相對，放於兩膝蓋中間

專家稱，這種人可以作保守型的代表，他們的觀點一般不會有太大的變化，他們對許多問題的看法或許在幾十年前比較流行。這種人特別害羞，多說一兩句話就會臉紅。他們害怕出入於社交場合。這類人感情非常細膩，但並不溫柔，因此這種類型的人經常使人覺得很奇怪。

6 敞開手腳而坐的人

習慣於這種坐姿的人可能具有主管一切的偏好，有指揮者的氣質或支配性的性格，也可能是性格外向，有時不知天高地厚。女性若採用這種坐姿，還表明她們缺乏豐富的生活經驗，所以經常表現得自以為是。

7 把雙腳伸向前，腳踝部交叉

當男人顯示這種坐姿時，通常還將握起的雙拳放在膝蓋上，或雙手緊抓住

椅子扶手；而女性採用這種坐姿時，通常在雙腳相碰的同時，雙手會自然地放在膝蓋上或將一隻手壓在另一隻手上。專家指出，這種人通常喜歡發號施令，天生有嫉妒心理。所以，這種人往往也是很難相處的人。

犯罪心理學家通過觀察發現，這還是一種控制感情、控制緊張情緒和恐懼心理，很有防禦意識的一種典型坐姿。

警方接到了一家博物館的報案，說博物館中莫名地丟了一件貴重的古董花瓶。探員在現場沒有發現絲毫的線索。為了獲得更多的線索，探員就讓博物館裡的兩名管理員講述失竊前後的情況。

其中一位名叫丹尼士的店員說：「六點鐘下班時，我們兩個一起鎖的大門，然後就回這兒了。幾分鐘前，他通知我，說一件名貴的古董花瓶被盜了，我就趕來了。」另一名店員戴維接著說：「我回到家後，想起有本書遺忘在展廳了。十一點鐘我又回來取書，發現花瓶不見了。就馬上打電話叫來丹尼士管理員。」探員問：「你們六點鐘關門時，花瓶還在嗎？『還在。關門前我還給花瓶抹過灰呢。」戴維答道。探員接著讓丹尼士講講自己的看法。丹尼士說道：「我對發生的這一切都不知道。」

從對兩名管理員的問訊中，探員並沒有找到線索，但是探員卻在問話的過程中發現了一個重要的細節，那就是名叫丹尼士的管理員在回答問話時把雙腳伸向前，在腳踝處交叉有些微微的顫動。注意到這些的時候，探員判斷出丹尼士有問題，於是對他採取了偵訊，最終偵破了案件。

8 腿腳不停抖動，而且還喜歡用腳或腳尖使整個腿部抖動

這種人最明顯的表現是自私，凡事從利己角度出發，對別人很吝嗇，對己卻很縱容。他們很善於思考，能提出一些意想不到的問題。

9 把腿放在椅子的扶手上

這是一個相當男性化的姿勢，當有人擺出這樣的坐姿時，不僅是在強調其對這把椅子的所有權，同時也傳達出一種不拘禮節和挑釁的態度。

解讀坐姿還要結合當時場景

當然，解讀這個坐姿還要結合當時的場景。如果是兩個男性朋友在一起談笑風生時，把腿放在椅子扶手上可以算是無傷大雅的動作。

但是，如果是在其他的場合，這個動作就會產生不同的影響。比如，當下屬因某個私人問題十分苦惱，去向自己的上司討教時，如果上司擺出了這樣的坐姿，則顯示上司的態度是無動於衷或是漠不關心的。如果是在商務談判中，有人保持這種坐姿，那麼他內心漠不關心或是挑釁的態度就無法驅散。

專家指出，打破這種局面的一個簡單易行的方法是請他往前面坐一點，拿出一些資料給他看；或者，如果你喜歡惡作劇的話，不妨告訴他，他的褲縫裂開了。

chapter

FOUR

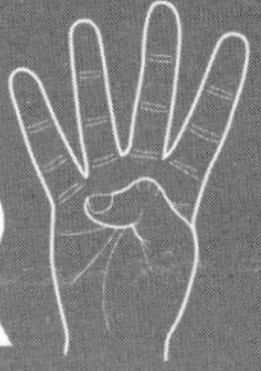

習慣是最大的泄密者

| 透過站姿讀懂別人 |

| 步姿蘊含的內心世界 |

| 書寫習慣如何出賣你？ |

| 從衣服顏色透視性格 |

| 口頭禪裡隱藏的個性密碼 |

| 穿在腳上的個性 |

| 從食相看性格 |

透過站姿讀懂別人

在漫長的人類進化過程中，人類站立的姿勢逐漸正規，形成了幾種不同的站姿，這些站姿代表的，其實並不僅僅是一個姿勢，它還能反映出一個人的性格以及對他人的看法。

罪犯心理學家認為，除了坐姿，站立的姿勢也可反映一個人的性格特徵。故此，在與嫌疑犯的接觸中，他們總是會仔細觀察他們的站姿，通過站姿對其進行深度的剖析，並找出這個人內心隱藏的性格特點，然後有針對性地採取偵訊手段，從而讓探員在破案的過程中節省了大量的人力、物力和財力。所以，心理學家常常把一個人的站姿看作是其性格的一面鏡子。

在漫長的發展過程中，人類站立的姿勢逐漸正規，形成了幾種不同的站姿，這些站姿代表的，其實並不僅僅是一個姿勢，它還能反映出一個人的性格以及對他人的看法。

其實，從一個人站立的姿勢，去探知其性格特徵和心理狀態是一種非常有效的途徑。在偵察工作中，犯罪心理學家對人們的站姿進行了認真仔細地觀察，並將其歸納總結為以下幾種類型：

1 思考型站姿

思考型站姿是指雙腳自然站立，雙手插在褲兜裡，時不時取出來又插進去的一種姿勢。專家經過觀察發現，習慣於以這種姿勢站立的人，一般都比較小心謹慎，凡事喜歡三思而後行，如果想讓他們去做一件事情，那麼必須先將每個步驟所涉及的事情列好清單給他們，而且要清清楚楚，否則他們很難下定決心去做。而且，這種人一般會缺乏主動性和靈活性，在遇事的時候會採取比較直接生硬的手法，往往容易後悔。這不能不說是其悲哀。

他們的姿勢給人的感覺是好像總有很多事情等著他們去做。其實是因為他們經常覺得不知如何是好。他們常把自己關在一個小屋子裡，冥思苦想，構築自己夢想的殿堂。正因為如此，他們大都經受不起失敗的打擊，在逆境中更多的是垂頭喪氣。正所謂：一個人希望越大，失望也越大。有著這種站姿的人，側重思考多過於行動，有些屬「空想派」。

2 服從型站姿

有的人在站立時，兩腳並攏或自然站立，雙手背在身後。心理學家將這種站姿稱之為「服從型站姿」。專家稱，習慣於這種站姿的人與別人相處一般都比較融洽，可能很大的原因是由於他們很少拒絕別人，這使得他們在人群中比較受歡迎。他們在工作中很少有什麼開拓和創新的精神，甚至有的時候是機械地完成上級給出的任務。

這種人一般都覺得很快樂，他們的快樂源自於他們對生活的滿足，他們總是希望有一分平靜的生活，不願意與人過多地爭鬥。但是這種不願與人爭鬥的個性既是他們美好心情的賦予者，也是他們憤怒的攜帶者，因為一旦生活不遂人願，他們也只是抱著逃避的態度，而一味地逃避爭鬥只會使事情變得更糟糕。

3 攻擊型站姿

將雙手交叉抱於胸前，兩腳平行站立的時候，給人的感覺會極具攻擊性。專家指出，這種人具有很強的叛逆性，常常會忽略別人的存在，具有強烈的挑戰和攻擊意識。

在工作中，他們不會因傳統的束縛而放不開手腳，即使偶爾被縛，他們也會用牙齒咬斷這根繩索；如果嘴也被封住，他們會不斷地用鼻孔出粗氣，顯露他們的存在。這種人的創造能力也就比其他類型的人發揮得更淋漓盡致，並不是因為他們比別人聰明，而是他們比他人更敢於表現自己。與這種人進行合作時，給他們最大的自由發揮的空間，可使雙方得到最大的成果。

4 古怪型站姿

將雙腳自然站立，偶爾抖動一下雙腿，雙手十指相扣在胸前，大拇指相互來回搓動的站立姿勢總是給人一種怪怪的感覺。因此，專家將這種站姿稱之為「古怪型站姿」。會這樣站立的人通常表現慾望十分強烈，喜歡在公眾場合大出風頭。若什麼地方要舉行遊行示威，走在最前面的，扛著大旗的大多是這種人。他們爭強好勝，容不下別人。

5 抑鬱型站姿

站立時，習慣於將兩腳交叉並攏，一手托著下巴，另一隻手托著這隻手臂的肘關節的人，給人的感覺有點抑鬱。因此，專家將這種站姿稱之為「抑鬱型站姿」。這種人多數為工作狂，他們對自己的事業很有自信，工作起來十分投入。廢寢忘食對他們來說是家常便飯，自己的另一半更是經常被冷落在家，幸虧他們的伴侶多是理解型的。

這種人更為引人注目的是他們的多愁善感，從他們豐富的面部表情就可以顯示，他們是那麼喜怒無常，甚至，在他們的言行中也表露無遺。剛才還在與你喜笑顏開，誇誇其談，突然臉色沈了下來，一句話也不說，最多在你們的談話中苦笑一下，顯得很深沉的樣子，誰也不知道他們到底是什麼原因。

但是盡管這樣，他們仍然能夠得到很多朋友的喜愛，因為就算他們有些喜怒無常，他們也擁有著一顆善良的心，對這個世界充滿愛心。

6 社會型站姿

在眾多的站姿中，有一種站姿的人非常受歡迎，專家將這種站姿稱之為「社會型站姿」，其具體為：雙腳自然站立，左腳在前，左手習慣於放在褲兜內。這種人的人際關係處理得很協調，他們從來不給別人出什麼難題，為人敦厚篤實。如果讓這類人去與客戶建立關係，他們時常是先站在客戶的立場替客戶著想，幫助他們分析利弊。

不過，專家也指出，這種人對於男女關係的問題有一種大徹大悟的體會，他們最討厭把感情建立在金錢基礎之上，也最不願聽到別人說他們是為了什麼目的而與某人交往。

步姿蘊含的內心世界

行走的步態既能體現出一個人的教養、風度和身體健康狀態，也能反映出一個人的性格特徵和心理狀態。

在生活中，人們走路的樣子千姿百態，給人的感受也各不相同。有的人步伐矯健，動作敏捷，給人以健壯、活潑、精神抖擻之感；有的人步履輕盈，體態端莊，使人覺得斯文、優雅而莊重。但是也有的人走路上下擺動，左右搖晃，給人以輕薄、猥瑣之感；有的人則弓腰腆肚，或俯身駝背，使人看了很不舒服。

法國心理學家簡．布魯西博士曾指出，人的性格與行動有著很大的關係，從一個人走路的姿勢可以推斷出其當時的心理狀態。犯罪心理學家在辦案的過程中，經常會接觸到形形色色的人，通過對他們的細心觀察，探員發現，行走的步態既能體現出一個人的教養、風度和身體健康狀態，也能反映出一個人的性格特徵和心理狀態。

據說最厲害的特工，還可以通過觀察路人行走時的步態，判斷出此人是否受過軍事訓練、是否會使用槍支……

根據心理學家的研究和自己經驗的總結，犯罪心理學家將人的步態所蘊藏的性格和心理類型作了以下的歸納：

1 昂首挺胸的人

以這種步態行走的人大多比較自信，其自尊心也較強，有時則過於自負，好妄自尊大，還可能有清高、孤傲的成分。這種人凡事只相信自己，處處主觀臆斷，對於人際交往較為淡漠，經常是孤軍奮戰；但思維敏捷，做事有條不紊，富有組織能力，能夠成就財富事業和完成既定目標，自始至終都能保持完美形象。

2 步履矯健的人

步履矯健的人通常比較註重現實和實際，精明能幹，往往是事業有成的代表；他們行事謹慎，不會莽撞和唐突，也不好高騖遠，無論是事業還是生活，都能夠腳踏實地，一步一個腳印地前進；這種人還有一個特點就是重信義和守諾言，有魄力；他們也不輕信人言，有自己的主見和辨別能力。

3 健步如飛、不顧左右的人

這種人遇到緊急情況的時候會不顧一切地疾行，如果任何時候都顯得匆匆忙忙，好像屁股後面著了火似的就另當別論了。這種人辦事比較急躁，雖然明快而又有效率，但缺少必要的細緻，有時會草率行事，缺少耐性；他們遇事從不推諉搪塞，勇敢正直，精力充沛，喜歡面對各種挑戰。

4 急速、慌張的人

急走，這是焦慮女性常有的步態，她們以小碎步急速運動，不僅顯得慌張，且經常改換方向。如果一個男人的步態也是如此，那麼這將顯示此人喜歡吹毛求疵，而且個性比較陰柔。

有的人走起路來慌慌張張，這是一種腳步快而輕的走法，行走的人還會經常變換方向，心情焦慮地到處亂竄。這類人是典型的行動主義者，大多精力充沛，精明能幹，敢於面對現實生活中的各種挑戰。這樣的人大多不好對付，他們很有可能不顧你的警告而我行我素。但是他們的適應能力特別強，尤其是凡事講求效率、從不拖泥帶水等。

對於這種人，應該努力發揮他們的優點。這種人的另一個特點是敢於承擔責任。因此，很多人願把他們作為可靠的朋友，其實就算終身委托於他們也一定不會錯。這樣的人大多沒有什麼閑情逸致，甚至散步對他們來說都是奢侈的。

5 步伐平緩的人

走起路來就像慢跑，緩慢而又控制得住速度，常以這種方式走路的人多半屬於健康情況欠佳或年事已高。這類人走路時總是一副慢吞吞的樣子，就如人們常說的「生怕踩死螞蟻」的東郭先生一樣，你無論說得如何著急他都不在乎似的，這是典型的慢性子。這些人做事從不急躁，凡事三思而後行，絕不好高騖遠，「癩蛤蟆想吃天鵝肉」的情況絕對不會發生在這種人身上。

如果他們在事業上得到提拔和重視的話，也許並不是他們有什麼「後台」，而是他們那種務實的精神給自己創造了條件。這類人的觀點是眼見為實，因此他們一般不輕易相信別人，不知道這是他們的優點還是弱點。但把他們作為朋友會相當不錯，因為他們特別重信義、守承諾。

6 大搖大擺的人

有的人走起路來大搖大擺，採取這種步態的人，雖有自信的氣勢但又充滿自誇與自滿。左右擺動著走，給人的感覺特別舒服，而且沒有任何壓迫感。邁開大步走是一種冷酷且具有權勢的步態，這樣的步態可以見於那些地位崇高的男性。

7 走路躬身俯首的人

這種人給人最大的印象就是自信心不足，缺乏一定的膽識與氣魄，沒有冒險精神。這種人大多謙虛謹慎，不喜歡華而不實的言辭，總是表現得彬彬有禮。這種人與人交往時，不會過多地表達自己的感情。雖然沉默冷淡，似乎對什麼都沒有興趣或熱情，但實際上他們特別重視友誼，一旦找到了知己，就會全力以赴，甚至不惜為對方兩肋插刀。

8 翩翩若舞的人

這種人多半是女人，她們走路時扭動腰肢、搖曳生姿。她們坦誠、熱情、善良、隨和，可謂是社交高手。有人把以這種姿態走路的女人視為放蕩和輕佻，但更多的現代人認為這是女人嫵媚和迷人的動作，此種人充分展現了女人的風采和氣質。

9 手足協調的人

這種人對待自己非常嚴厲，不允許有半點的差錯和放鬆，希望自己的一舉一動都可以作為他人的榜樣；具有相當堅強的意志力和高度的組織能力，但容易走向武斷獨裁，讓周圍人畏懼；對生命及信念固執專注，不易為別人和外部環境所動，為實現目的會不惜一切代價。

10 手足不協調的人

這種人的走路姿勢是雙足行進與雙手擺動極不協調，而且步伐忽長忽短，讓人看了極不自在。這種人生性多疑，對什麼事都是小心翼翼、瞻前顧後；責任感不強，做事往往有始無終甚至溜之大吉。

11 雙足內斂或外撇的人

可以想象，這種人走起路來用力而且急促，但是上半身卻基本維持不動。他們不喜歡交際，認為那是無聊之人才做的事情，不願意為此浪費時間和精力；此類人頭腦聰明，做起事來總是不動聲色，給人意外的驚喜；也有保守和虛偽的傾向，所以知心朋友並不是很多。因為心不在焉，所以這樣的人走路步調混亂，沒有固定習慣而言，或是雙手放進褲袋，雙臂夾緊；或是雙臂擺動，挺胸闊步。

12 雙足落地有聲的人

這種人雙足落地的時候發出清晰的響聲，行進快捷，昂首挺胸，一副精神煥發的樣子。他們志向遠大，積極進取，精心設計和打造自己的未來和生活，期望一天比一天過得更好；他們非常理智，做事有條不紊，規規矩矩，同時註重感情，熱烈似火。

13 橫衝直撞的人

這種人走路疾快，不管是在擁擠的人群當中，還是在人跡罕至之地，一律橫衝直撞，長驅直入，而且從來不顧及他人的感受。他們性情急躁，辦事風風火火；坦率真誠，喜歡結交五湖四海的朋友，不會輕易做出對不起朋友的事。

14 猶疑緩慢的人

這種人走路時彷彿身處沼澤地似的，行進艱難。這種人大多性格較軟弱，遇事容易知難而退，不喜歡張揚和出風頭；遇事總是思考再三，否則絕不冒險邁出第一步，結果往往錯失良機；憨直可愛，胸無城府，重視感情，交友謹慎。

15 慢悠悠走路的人

這類人平時總是優哉遊哉地走路，說明此人無所事事，遊手好閑，不務正業。他們大多性格遲緩，對自己放任自流，凡事得過且過，順其自然，沒有太高的追求，缺乏進取心。

16 連蹦帶跳的人

這種人手舞足蹈、一步三跳且喜形於色，一定是聽到了某種極好的消息，或得到了意想不到的、盼望已久的東西。這種人的城府不深，不會隱藏自己的心思；此類人往往人緣極好，朋友也不少。

行走姿勢由當時的身體和心情決定

當然，也有一些人的行走姿勢是由當時的身體和心情決定的，這就需要根據具體的情況來進行分析。比如，步態蹣跚，這是一種雙腿沉重的步態，當一個人覺得疲倦或心情鬱悶時，經常會採用這種步態走路。

無精打采地走，這是另一種疲憊的步態，身體略為前傾，上身有點兒彎腰駝背，身體前傾來幫助行走，這種彎腰駝背的步態最常見於那些地位低下的人身上。慢吞吞地走，這是生病或精神憔悴時拖著兩腳走路的步態。醫院裡，動過手術的病人最常出現這種步態；大街上，則可看到流落街頭的老人慢悠悠地走。有的人走路的時候躡手躡腳，這是一種不光明磊落的步態，當一個人不希望自己的行為被他人察覺的時候，會採用這種步態。

健美的步態可以表現出一個人蓬勃向上的精神狀態，給人留下美好的印象；猥瑣的步態則體現了一個人醜惡陰暗的內心世界，讓人心生反感。因此，在行走的時候一定要注意自己的步態對自己形象的影響。

書寫習慣如何出賣你？

在很多偵探電影中，筆跡鑒定專家總是能夠輕易從疑犯的筆跡中找到破案線索。其實，筆跡是思維的軌跡，你在無意中的一筆一劃，正在向外界洩露天機。

人們常說的一句話是「見字如見人」，從一個人的書寫筆跡，我們大約可以分析他的性格。比如你只要稍稍觀察一下就會發現，性格剛強的人一筆一劃都顯得乾淨利落、方正堅硬；而性情軟弱的人，則字體就相對無力、柔弱得多。除了性格外，筆跡分析專家更能從字體中窺見一個人的道德修養、健康狀況及精神問題等。

所謂筆跡學，是人們通過對個體筆跡不同書寫規律的研究，反映書寫者個性、心理和行為特徵的一門交叉學科，它是一門以研究人類文字筆跡特點和人的內在素質之間聯繫及客觀規律的科學，與心理學、行為學、人才學等學科有著密切的關係，法國著名作家小仲馬也說過：「筆跡學是一門被高度使用的科學，因為它不必見面就可以了解一個人。」

筆跡心理學專家熱衷於通過筆跡來洞察一個人的心理健康，他們運用高科技儀器測到筆跡與心理健康之間關係的原始數據，得出結論：筆跡就是腦跡，一個人心理活動可通過書寫顯露出來，情況就如腦電圖一樣。無獨有偶，奧地利心理學家納塔莎．班特沃在美國一個網站上撰文指出：人內心的想法就像一張變化莫測的地圖，它們被以特殊的方式體現在紙上，專家們的任務就是破解出這張「筆電圖」。

從某種程度上講，筆跡就像一枚看不見摸不著、鐫刻著個人性格的印章。如在遺產分配中，遺囑之所以能成為最重要的依據也是因為如此，假冒的遺囑很難逃過筆跡鑑定專家的「火眼金睛」。在案件審理中，調查人員也會經常求助於筆跡研究專家，以了解嫌疑人當時的心理狀態。

在筆跡鑒定史上曾有一些經典範例，這些都說明「字如其人」絕非無稽之談。美國前總統朗奴列根（Ronald Regan）卸任後終於承認他患有腦退化症，但此前就有專家根據他親筆書寫的文稿、信件複印件，猜測他一直對公眾隱瞞了自己的疾病。

在波斯灣戰爭前，一些西方國家政要都認為薩達姆．侯賽因不敢動真格，但以色列專家卻從他的筆跡中得出了他性格怪誕、心狠手辣的結論，認為他有可能冒天下之大不韙。豈料在一九九零年八月一日，以色列報刊公佈了這一研究結果，第二天伊拉克軍隊就佔領了科威特，西方情報機關這才如夢初醒。

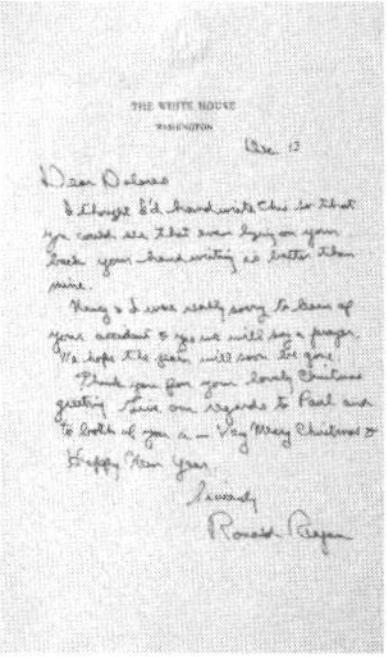
THE WHITE HOUSE
WASHINGTON
Dear Dolores
Ronald Reagan

專家從美國前總統列根的筆跡，觀察到他患有腦退化症的先兆。

筆跡鑒定的快速發展

「由字及人」的歷史十分久遠，早在兩千多年前古希臘著名哲學家亞里士多德就曾提出筆跡與個性關係密切，幾千年的人類文明史中不斷有人提出類似觀點。如今在西方國家，「筆跡學」是筆跡分析技術的基礎之一，也是應用心理學的一門學科。許多國家建有專門的「筆跡學學院」，一些大學還設有「筆跡學」專業，以培養高層次的筆跡分析、文獻鑒定及個性分析等方面的專業人員。

筆跡鑒定的快速發展得益於它的簡潔、方便。鑒定過程就如同測體溫一樣方便，只需盯著一排又一排的書寫記錄並掌握一些規律，你就會感到一個活生生的人似乎站在紙面上對你說話。專家不需要大費周折地探究相關人的思考方式、社會能力、工

專家從侯賽因的字跡，看到他性格怪誕、心狠手辣的一面。

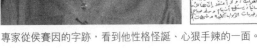

作習慣、成就大小甚至處理壓力的方式，就能對一個人瞭如指掌。

從某種程度上來講，筆跡鑒定是如今最廉價的心理分析方式，這也將促進它被廣泛地用於心理諮詢。從這個意義上講，筆跡鑒定會很容易地讓一個普通人變成心理專家。一個人的書寫記錄並不難得到，一些已被認可的規律也可通過學習掌握，也許你只需要稍看一下一個人的筆跡就能去了解一個人。在心理諮詢領域，通過筆跡分析技術可以幫助一個人了解自己和他人的性格氣質、能力潛力、思維方式以及興趣愛好等。

在美國有一位筆跡學家凱斯維特，他從事筆跡分析已有四十多年。曾有一位女博士在當地報刊上刊登了徵婚廣告，很快就收到了一百五十封應徵信，結果她挑來挑去挑花了眼，最後她去向凱斯維特求助。這位筆跡學家經過對應徵信上的字跡進行分析，把其中過於自私自利的、喜好弄虛作假的以及有酗酒吸毒等不良嗜好的都剔除掉，留下那些為人可靠、思維敏銳的應徵者的信交給女博士。後來，女博士果然從中找到了一位理想的丈夫。

有專家認為，一個書寫者能變化斜度、大小輕重和速度，但他一生中的書寫習慣如同指紋一樣是變換不掉的，即使他刻意塗抹試圖掩蓋。在中國，雖然筆跡學尚未確立為一門相對獨立完整的學科，但歷代書法家、文學家、文獻學家涉及此領域的研究可追溯很遠。如西漢文學家、哲學家、語言學家楊雄說：「言，心聲也；書，心書也。」

通過筆跡診斷心臟病

筆跡還可用於診斷疾病，據澳洲廣播公司二零零七年十一月十九日報道，英國筆跡研究專家克裏斯蒂娜・斯特朗公佈了一項研究成果——從筆跡可以判斷出人們是否患有早期心臟病。

斯特朗是在澳洲墨爾本舉行的國際書寫法協會會議上「語出驚人」的。斯特朗報告說，她曾對英國普爾醫院心臟病門診部的六十一名患者以及四十一名未被診斷出心臟病的就診者筆跡，進行過分析研究。在筆跡學研究方面造詣頗深的她早就注意到，部分心臟病人的筆跡會出現一些很有規律的現象。

斯特朗將這些參加實驗者的筆跡樣本放大後進行分析，主要著眼於書寫過程中出現的不同特徵，如書寫中斷、「O」的走形及停頓圓點（書寫過程中短暫停頓留下的圓點）的濫用。她發現，與那些未患心臟病的人相比，在心臟病門診部接受治療的人，書寫過程中留下停頓圓點的人數明顯更多，尤其容易在字母

「a」、「e」和「o」的中間部位留下墨點。斯特朗表示，目前她正在拓展自己的研究，希望建立一套「筆跡病理學」診斷的標準。

由於「一萬個人就有一萬種不同的筆跡」，筆跡分析的過程中更多依賴於分析專家的主觀判斷，缺乏一套量化標準。正因如此，斯特朗的結論也受到諸多質疑。

澳洲新南威爾士大學神經精神病學家佩米德爾・薩赫里教授就質疑說，斯特朗的研究方法不太科學，因為患者的身體狀態、疲勞程度都可能對其筆跡造成影響。斯特朗的論證過程更像一次「迴圈論證」，即先去確認結論然後再拼湊條件滿足結論。

還有一些人乾脆就認為斯特朗所進行的研究是偽科學。他們認為，她進行的研究就像占卜、看手相一樣缺乏科學根據。她的研究只有在一種情況下是可能的——心臟病人中了「魔咒」，在斯特朗的召喚下通過書寫向外界發出有規律的信號。

但是，斯特朗並不是第一個提出筆跡用於疾病診斷的人，此前就有科學家提出過腦退化症、亨廷頓舞蹈症會對病人的書寫風格造成有規律的影響。面對外界質疑，斯特朗也承認目前的筆跡鑒定體系還不夠科學，但她仍然堅持自己的觀點。

斯特朗計劃與普爾醫院高級心臟病顧問安德魯斯・麥克里歐得博士合作，要將更多被確診為心臟病患者的人群納入測試範圍。她希望未來某一天，醫生們可以無需借助昂貴的醫療設備和複雜的檢驗過程，只需通過書寫筆跡就能診斷出心臟病。

寫字筆跡分析你的性格

古今中外就有流傳，字跡看出一個人的性格。書寫扁形字體的人有堅定的信心和頑強的毅力，不容易受外界環境的影響，甚至固執己見，愛鑽牛角尖。

做事認真、負責，行事有條理，有計劃，但有時刻板僵化，缺乏彈性。

1 細小字觀察力好

習慣於寫細小字的人（字體大小在2mm-4mm之間）有良好的觀察力和專注力，辦事認真細心，但過於謹慎小心，警覺性很高，容易受外界環境的影響，非常在意別人對自己的看法。如果字跡細小，並且越寫越往上，表明書寫者注意力非常集中，喜歡做一些細緻的工作，理智、冷靜，善於分析判斷，做事耐心，仔細。注重家庭，以家庭為核心，能自我犧牲、自我奉獻。如果字跡細小，但是越寫越往下，表明書寫者性格軟弱，順從，自信心不強，氣量比較小，多疑多慮，過於在意別人對自己的反應。

2 小字不喜歡引人注意

習慣於寫小字的人（字體常常在4mm-5mm之間）通常是喜歡內省的、不喜歡被別人注意的、謙虛的、樸素的、羞怯的、注重細節的、謙卑的、恭順的。

3 大字好表現

習慣於寫大字的人（字體大小在6mm-8mm之間）喜歡引起別人注意的，好表現的，做事比較迅速但有些魯莽的，以自我動機為行動導向的，做事有目的、有計劃，不注重細節的、也是自我為中心的。

4 字體垂直者責任感強

寫字字體垂直的人注重實踐，獨立自主，頭腦理智、清晰，根據自己的分析判斷來做決定，一旦做出決定後，就不容易改變。自我控制力強，行事謹慎、有節制，認真，忠於職守，責任感、原則性強，情感反應不強烈。

5 字體右傾者偏好社會互動

寫字字體向右傾的人積極進取，能動性強，不怕困難，獨立自主，思想開放，展望未來，對精神領域的東西感興趣，並渴望自己能在精神領域裡有所發展。待人友好，性情開朗，為人慷慨大方，有同情心，利他，有奉獻精神，集體觀念比較強，偏好社會互動。如果字體向右傾斜，而行向向下傾斜，反映書寫者好內省，但意志比較薄弱，容易受他人影響。

6 字體左傾者情感壓抑

寫字字體向左傾的人在社會生活中小心謹慎的、細心的，好內省的，關注自己，對周圍環境反應冷漠，情感壓抑。觀察力敏銳，可能是個好的傾聽者，不容易與人產生正面衝突。自立更生，獨立自主。

7 中等字注重實踐

習慣於寫中等字的人，對外界環境適應能力強的，注重實踐的，理性的、現實的、實際的，工作中與人相處友好的。

8 扁形字具有頑強的毅力

書寫扁形字體的人有堅定的信心和頑強的毅力，不容易受外界環境的影響，甚至固執己見，愛鑽牛角尖。做事認真、負責，行事有條理，有計劃，但有時刻板僵化，缺乏彈性。

如果扁形字向右傾，反映書寫者有理想、有抱負、積極進取，勇於開拓，為人熱情，熱愛生活，樂於助人，容易與人相處，敢於冒險和做新的嘗試。

如果扁形字體向左傾，反映書寫者具有叛逆的性格，上進心很強，能吃苦耐勞，做事持之以恆，堅韌不拔，寫這種字體的人清高孤傲，不屑於世俗的事，對現實社會常感憤懣不平，胸懷理想卻覺得壯志難躊，內心充滿矛盾鬥爭。交友範圍狹窄，但親密的朋友則深交。

9 正方形字為人正直

習慣於書寫這種字體的人品行端正、為人正直，責任心強。尊重傳統，遵守紀律和法規，原則性強，不屈從權威。辦事穩重踏實、細心謹慎。自我控制能力強，情感不容易外露。

10 圓形字性情隨和

習慣於書寫圓形字的人，一般性情比較溫和，心地善良，善解人意，通情達理，重感情，性格堅韌，社會現實適應性強，為人處事採取中庸之道，不偏執一端，不喜歡與人產生正面衝突，自我克制能力強，行事審慎，考慮周全，但過於克制自己本能的需求，行動不夠果敢，做重大決定時常常猶豫不決。

11 長方形字勇於開拓

習慣於書寫這種字體的人一般自信心強，積極進取，富於行動性，處世愛憎分明、態度明朗。具有反傳統、反習俗和勇於開拓的精神。

如果長方形的字體向右傾斜，反映書寫者性情豪爽、心胸寬廣，樂觀向上，喜歡競爭。性格張揚外露，容易得罪人。

如果長方形的字體向左傾斜，反映書寫者好內省，情緒比較壓抑，關注自己，自我比較封閉，對周圍環境反應冷漠。

從衣服顏色透視性格

打開衣櫥，發現自己所有的衣服都是暗色系，有時候自己都看不下去了，決定下次買衣服一定要嘗試一下鮮艷的顏色，可是買來買去，最後還是黑白灰。不知各位是不是也有著同樣的經歷呢？從鍾愛的衣服顏色其實可以看出一個人性格，下面就一起來看看各種顏色所代表的性格特徵。

1 喜歡紅色的人忽冷忽熱、有領導力、喜歡挑逗人

喜歡紅色的人樂於出風頭，喜歡領導別人而不是被領導。另外，惹眼的紅色更容易激起人的慾望。男人對紅色尤其沒有抵抗力，鍾愛紅色的女性往往熱情似火、嫵媚撩人。

2 喜歡藍色的人擁有敏銳的洞察力、擅於思考和分析問題

藍色讓人聯想起藍天、大海和地球。喜歡藍色的人往往心胸寬廣，擅於為別人著想，而且擁有敏銳的洞察力，可以幫別人出謀劃策、指點迷津。另一方面，這些人崇尚自由，不喜歡被約束和束縛。

3 喜歡綠色的人愛好和平、融入社會、尊崇倫理道德

綠色代表了自然清新。喜歡綠色的人大多熱愛和平，不喜歡與別人爭名奪利。他們不屑與愛出風頭、不按常理出牌、不遵守道德約束的人為伍。不論是社會問題、環境問題、政治問題還是身邊的小事，他們都有著自己獨特的見解。

4 喜歡粉色的人注重及時行樂

喜歡粉色的人愛講話、喜歡參加各種活動和聚會。另外，就像櫻花讓人感覺幸福愉快一樣，這些人往往擁有給人幸福的力量。能讓身邊的人感到快樂和幸福。當然了，這些崇尚及時行樂的人往往看不上那些整天愁雲慘淡、萎靡不振的人。

5 喜歡黃色的人開朗樂觀、求知慾強

黃色代表着光和熱，喜歡黃色的人通常可以給身邊的人帶來正能量，像燈塔一樣為別人指明方向。而且，這些人大多頭腦靈活、好奇心旺盛、收集信息的能力也很強。喜歡黃色的人往往很有人緣，被人崇拜和依賴，另一方面，也會因為出眾而招來妒忌。

6 喜歡紫色的人個性強、屬於我行我素的藝術家型

喜歡紫色的人往往個性很強、尊重自己的個性和內心，同時也尊重別人的

個性，很容易成為別人傾慕的對象。另一方面，他們瞧不起沒有個性的人，不願與之為伍。他們往往心思細膩而直覺敏銳、擁有藝術家的氣質。

7 喜歡暗色系的人行事低調、習慣隱藏自己的個性

當一個人想要隱藏自己的個性時，往往會選擇白色、黑色或是灰色的暗色系衣服。這樣的人通常行事低調，不願意被打擾和關注。

口頭禪裡隱藏的個性密碼

在各種交際場合，人們一般都使用口頭語進行交流。這種口頭語言是由於習慣而逐漸形成的，具有鮮明的個人特色。往往這些口頭語就能體現說話人的真實心理和個性特點，所以，不要忽視這些不起眼的口頭禪，它們背後往往隱含著大秘密，對你了解對方會有很大幫助。

1 「說真的」、「老實說」、「的確」、「不騙你」

這類人在說這話之前有一種擔心對方誤解自己的心理，性格有些急躁，內心常有不平，希望別人能夠相信自己。

2 「其實」

經常用「其實」來轉移一下話題的人，往往是自我表現慾望強烈，希望能引起別人的注意。他們大多比較任性和倔強，並且多少還有點自負。

3 「果然」

一般而言，經常連續使用「果然」的人，大多強調個人主張，自以為是。

4 「但是」、「不過」

這類人一般是在發表自己的看法以後，遭到別人的攻擊，這時常常用「但是」一詞作為轉折，還是在堅持自己的觀點，說明這種人有些任性。「但是」語氣是為保護自己而使用的，也反映了其溫和的特點，他說得委婉沒有斷然的意味。從事人力資源的人會經常使用這樣的詞語，往往是先讚揚。

5 「另外」、「還有」

這類人思維比較敏捷，對周圍的一切都充滿好奇心，喜歡參與各種各樣的事情，但做事容易厭倦，只憑一時的熱情，往往不能堅持到底，不能善始善終。這類人的思想很前衛，富於創新，經常有一些別出心裁的創意，讓人耳目一新。

6 「啊」、「呀」、「這個」、「嗯」

在交流中，經常使用這些詞的人，一般會有兩種，一是他們詞彙少，反應比較遲鈍，在說話時利用作為間歇的方法而形成的口頭語習慣。二是一般一些領導往往會在會上發言時，經常會以用這些話來顯示領導風範。

7「聽說」、「據說」、「聽人說」

溝通中，經常使用此類用語的人，他們往往是在給自己說話留有餘地。這種人一般處事比較圓滑，雖見多識廣，但是決斷力卻不夠。

8「最後」、「怎麼樣怎麼樣」

這類人大多是潛在慾望未能得到滿足。

9「應該」、「必須」、「必定會」

經常使用這些話語的人，一般自信心極強，往往以「家長」的身份來告訴你什麼應該做，什麼不應該做，表面上顯得很理智、冷靜。但是，如果「應該」說得過多的時候，則加重自己不肯定的想法。大多擔任領導職務的人，易有此類口頭語。

10「絕對」、「百分之百」、「肯定」、「不可能」

經常使用這類詞語的人，比較武斷，不是太缺乏自知之明，就是自知之明太強烈了。他們往往在與人爭執的時候，為了維護自己所謂的尊嚴，常常會不斷地用「絕對」等詞進行保證。

11「可能吧」、「或許是吧」、「大概是吧」

說這種口頭語的人，一般比較圓滑，很少發表自己的觀點，但是他們一般對他人的觀點也很少評論，通常不會將內心的想法完全暴露出來。遇事沉著、冷靜，所以，工作和人事關係都不錯。這類口頭語隱藏了自己的真心。

12「確實如此」

經常使用這個詞的人，大多是淺薄無知，經常跟在別人的後面隨聲附和，常常自以為是。

13 「反正」

經常說這類話的人，一般是悲觀主義者。他們說話喜歡用否定的語氣，往往給人一種世界末日的感覺。在尚未行動前，就滿腦子的「反正幹了也白幹」、「反正……」等消極思想，結果自然是放棄。

14 「那時要是這樣做就好了」

經常說這樣話的人，往往是「馬後炮」，事情發生以後才知道究竟該如何去做，對自己先前的決定後悔不已。但是遇到相同的事情時，總是拖拖拉拉，缺乏行動力。

15 「想當年……」

這類人一般是對現在的境遇非常不滿，經常在比自己資歷淺的人面前大談特談，向人敘述著自己昔日的豐功偉績。在現實生活中，這種人往往是些不折不扣的失敗者，想借昔日的生活或想像來告慰現實中自己悲慘的境遇，忘卻現實的殘酷。

16「我只告訴你」

經常說這種話的人，往往是不成熟的一種表現。往往是自己不想告訴，但是又想告訴別人；對人說，但是又怕泄露消息，只好不斷地強調這個秘密，我只告訴你，千萬不要讓別人知道。這樣做的目的有二：第一，以這種方式，討好他人；第二，向他人炫耀自己知道這個秘密。實際上，像這種輕易泄露秘密的人，是不會獲得他人的信任的。

17「我早就知道了」

經常使用「我早就知道了」的人，有強烈表現自己的慾望，在談話中常常爭論自己是主角，用這句話來說明自己知識面比較廣，自己什麼都知道。但對他人而言卻缺少耐性，不是一個合格的聽眾。如果想通過口頭語更好地觀察、了解和認識一個人，則需要在生活和與人交往中仔細揣摩和分析，只有在實際運用中才會收到良好的效果。

需要注意的是，根據上述語句來判斷某個人的心理或性格時，首先需要確定這句話確實是這個人的習慣用語，而非偶爾為之。而且，談話中語言的措辭當然不止以上幾種，我們還要在人際交往中多觀察，多總結。

穿在腳上的個性

鞋子，並不像人們所想像的那樣，單純地起到保護腳的作用。在觀察他人的鞋子的時候，人們除了注意其美觀大方外，還可以通過它對一個人進行性格的觀察。

1 時常穿著同一款鞋的人

這種人經常穿著自己最喜愛的一款鞋子，這一雙穿壞了，會再去買一雙相同的。他們在思想上是相當獨立的，知道自己喜歡什麼，不喜歡什麼。他們十分重視自己的感覺，而不會過多地在意他人怎樣看。他們做事一般比較小心和謹慎，在仔細認真地考慮以後，要麼不做，要做就會全身心地投入，把它做得很好。他們很重視感情，對自己的親人、朋友、愛人的感情都是相當忠誠的，不會輕易背叛。

2 時常穿著沒有鞋帶的鞋子的人

這些人並沒有多少特別之處，穿著打扮和思想意識都和絕大多數人差不多。但他們比較傳統和保守，中規中矩，追求整潔，表現慾望不強。

3 時常穿細高跟鞋的人

即便女性們知曉穿細高跟鞋不便和危害，但愛美的天性讓她們不會在意這些的。這樣的女性，表現欲是很強的，她們希望能引起他人，尤其是異性的注意力。

4 時常穿時髦鞋子的人

在這些人的觀念裡，只要是流行的就是好的，他們才不管自身的條件是否與流行相符合，是否切合實際。這種人做事時常缺少周全的考慮，所以會顧此失彼。他們對新鮮事物的接受能力比較強，表現欲和虛榮心也較強。

5 時常穿運動鞋的人

具有這種偏好的人生活態度積極樂觀，為人較親切、自然，生活規律性不強，比較隨便。

6 時常穿靴子的人

這樣的人，自信心並不是特別強，而靴子卻能在一定程度上為他們帶來一些自信。另外，他們很有安全意識，懂得在適當的場合和時機將自己很好地掩蔽起來。

7 偏好穿拖鞋的人

喜歡穿拖鞋的人是輕鬆隨意型的最佳代表，他們只追求自己的感覺和感受，並不會為了別人而妥協。他們很會享受生活，絕對不會苛求自己。

8 偏好穿遠足靴的人

這類人通常會在工作上投入充足的時間和精力，他們有很強烈的危機感，並且時刻做好準備迎接一些可能突然發生的事情。他們有較強的挑戰意識和創新意識，敢於冒險和向自己不熟悉的未知領域挺進，並且有較強的自信心，相信自己能夠成功。

9 偏好穿露出腳趾的鞋子的人

這類人多是外向型的人，而且思想意識比較前衛，渾身上下充滿了朝氣和自由的味道。他們很樂於與人結交，並且能拿得起放得下，比較灑脫。

從食相看性格

據說人類是動物世界中唯一擁有語言力的生物，不過在人類的彼此交流當中，語言的重要性只佔了三分之一。換言之，剩下的大部分，是以表情、動作這類身體語言，以及其他方式來完成。表情和動作，就是我們中國人所說的「相」。俗話說：站有站相、坐有坐相、進食也得有個「食相」。

「食相」，指的是一個人在進食時的神態和動作，是全身的，是多媒體的。

記得在多年前曾看過這樣的一齣戰爭電影，而影片中有以下關於「食相」的情節：話說在一場戰爭中，敵軍派出多名探子混入對方的軍隊（民兵）之中，萬料不到這些內奸竟得到民兵軍隊的熱情款待，並和他們一同做菜吃飯。

正當大家吃得不亦樂乎的時候，探子的「食相」卻出賣了他們：可能因為民兵食物不甚美味的緣故，這些人竟然只將食物啃了一口後，便扔得到處都是，行為顯然和十分珍視食物的民兵大相逕庭。於是，民兵隊長一聲號令，將這些內奸全數拿下。

另外，據說「食相」還可以成為觀測個人性格的一種重要的參照資料。據德國心理學家格伯特的研究發現，女士在跟準情人一起用餐時，只要留心觀察對方如何處理食物，便能預知對方的「臨床表現」（性技巧是否良好），並進一步推測出該人將來是否會是個好爸爸。

舉例說：食相為「混合型」的男人，喜歡把主菜、配菜與醬汁等所有食物混合進食，這種人往往喜歡女強人而不願自作主張，當然他們在床上通常也了無新意；「先灑調味料型」的男人，性格專橫獨斷，一有機會就會作威作福；「玩食物型」的男性，愛把碟上的食物撥來弄去，是令人愉悅的好伴侶，他們多半性格開朗、富同情心、善於交際，是可以信任的對象，當然也有潛質成為「好爸爸」；「先吃配菜型」的男性為人自私自利，不容易與人深交，是情場上的「危險人物」。

社交應酬時，毫無儀態甚至論盡粗魯的食相，肯定被人笑到臉黃。食相不但反映一個人的出身、修養，也能揭示性格和成敗得失，這可以從進食時的形態，以及拿筷子的手勢顯露出來。

一、進食方式

1 小口小口吃

這樣的人是個小心謹慎、處事鎮定的人，就算在緊急關頭也不慌不忙，平日做事很有條理，連房間書桌也會井井有條，懂得循序漸進的道理。然而，這種人的性格亦有其不足的地方，就是凡事過於「杞人憂天」，以致常有拖延進度的情形出現，同時很容易迷上某些事物。

2 大口大口吃

這樣的人不拘小節，有點近乎豪爽的性格，對小事更加毫不在乎。他們性格大膽，是個行動型的人物。好勝心強、自信，卻不大喜歡聽取別人的意見，當自以為對的時候，就馬上實行。他們的缺點是過分衝動，令自己很容易吃虧。

3 拆開一半才吃

這樣的人是個認真的人，做事態度不錯，往往要慎重考慮才行動。即使心裡很喜歡某些東西，也不會急於去獲取，凡事尊重別人意見，要對方表示才敢行動，不過過分客氣，可能經常會被人佔了便宜。

二、進食速度

1 吃得快的人

代表做事速戰速決，能在短時間內掌握重點。

2 吃得慢的人

代表處事深思熟慮，很少發生錯誤，是屬於有福分之人。

三、吃飯小動作

1 夾菜時喜歡剷來剷去

代表其家庭背景欠佳，甚至有可能是在單親家庭長大。

2 光扒飯不夾者

屬於勞動命，一世營營役役，即使有錢都不會享福。如果愛吃餸而不愛吃飯的人，則是俗稱的「自在命」，他們在任何環境下，也能舒舒服服過日子。

3 習慣用另一隻手拿起飯碗的人，兼夾垂下頭來不停吃

表示內心很介意別人怎樣看他，這些人很難接受負面的批評。而不拿飯碗的人，性格不拘小節，喜歡大笑大叫，處事豪爽。

4 吃飯時「天一半，地一半」

指的是他們在吃飯後，滿桌滿地都是菜汁飯粒，又或者經常倒瀉湯或打爛碗。這種人決斷力弱，做事慢吞吞，優柔寡斷的缺點，使他們錯失不少機會，難望成功。

5 含著滿嘴的飯粒，毫無顧忌地大聲說笑

雖然這種「食相」看起來非常不雅，但卻反映對方是個心思單純、活潑開朗的人。他們對朋友熱情大方，很樂於助人。

6 默不作聲，細嚼慢咽，且低頭進食

這些人內心想法頗多，但卻很怕被別人看清自己的內心所想。他們做事深思熟慮，穩重理智，行事富計劃性。

四、拿筷子的方式

1 拿著筷子的頂端部分

你認為拿住筷子頂端部分夾送時會佔先機，不太使勁兒都可拿到較遠的食物，可見你是個有計劃，處事細心的人。另外，你的野心不小，佔有慾亦強。

2 中指夾住筷子中間

這些人做事很有條理，一切都規規矩矩，認真負責。不過，他們有時候會過於一成不變，靈活性欠奉，不懂隨機應變，有時讓人感到不知是好氣還是好笑。

3 拿著筷子的中間部分

為人性急，做事欠缺耐性，時常急不可待，要極速致富。此外，他們為人熱情，對朋友有情有義，可謂是「義氣仔女」。

4 像拿鉛筆一樣

你做人十分簡單，毫無心機，總之別人對你好，你對別人好。你討厭別人約束，為人自我，只要自己喜歡，不會計較世俗眼光。

五、飯後如何放筷子

1 將筷子亂散一通

你是那種吃完就算、始亂終棄的「花心大蘿蔔」。你轉換戀人的速度頻密，做你的情人全無安全感可言。

2 將筷子放在飯碗上面

你對愛情相當認真，飲水思源，對情人從一而終，絕不見異思遷，是一個老老實實的好情人。此外，你的家庭觀念濃厚，永遠將家人放在第一位。

3 將筷子放在飯碗的左面或右面

你對愛情有無限憧憬，經常夢想自己能成為愛情小說中的男女主角。為了愛情，你甚至可以犧牲一切。

4 將筷子放在飯碗前面或後面

你是個講求實際的人，假如只能從「麵包」與「愛情」中選其中一項的話，你一定會選擇前者。當面對愛情的煩惱時，你往往都能夠以冷靜的態度去面對。

chapter

FIVE

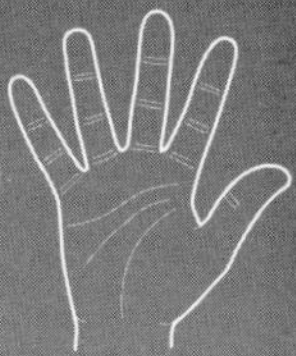

身體語言的遊戲規則

| 讀懂隨年齡變化的身體語言 |

| 身體語言也會男女有別 |

| 解密身體語言的八個要訣 |

讀懂隨年齡變化的身體語言

社會語言學家經過研究指出：一個人的口頭語言能力往往與他所處的社會地位、權力或受教育程度密切相關。其實，細心觀察的人也能發現，一個人若社會地位越高、擁有的權力越大，或是受教育的程度越高，他的口頭語言能力一般就越強。而非語言學家的研究表明，一個人所掌握的口頭語言和他用於表情達意的姿勢量有密切關係，即社會、經濟地位越高，受教育越多的人，多使用其擁有的豐富詞彙來表情達意，而社會、經濟地位越低，受教育越少的人，多使用姿勢來表情達意。

可見，一個人的身體語言除了受其所處的社會經濟地位，以及受教育程度等因素影響外，還要受到一個重要因素的影響，那就是他的年齡。人的身體語言是會隨著年齡的變化而變化的。

那麼，其變化的具體體現在哪裡呢？下面我們就舉個例子來說明一下：

如果是一個五歲的孩子在向他的媽媽說了謊之後，他會毫無意識地將嘴巴捂上。捂嘴的動作其實明顯地向母親「自揭」謊言，如果他的母親是一個熟悉身體語言的人，那麼她就能及時發現孩子的謊言。其實，在人的一生中，這一手勢其實是會繼續使用下去的，不過做這一動作的方式和速度會有所變化。

當十幾歲的孩子說了謊時，他也可能會像五歲的孩子一樣將嘴捂上，但是，捂嘴的方式不是用整個手掌，而是用手指輕輕地觸摸一下嘴角。到了成年，這種捂嘴的手勢動作就變得更加微妙了。

當成年人說了謊時，他的大腦同樣可能會支配他的手去捂嘴，企圖阻止謊言出口，但是到後來，他卻將手迅速從嘴巴處移開，從而變成了一種摸鼻子的手勢。這種手勢只不過是他在童年時期就使用過的捂嘴手勢的再現而已。

這一實例說明，一個人隨著年齡的增長，他的手勢會變得更加微妙。人的年齡越大，他的經驗越多，性格就越穩重，手勢也就更為隱蔽。這就是為什麼觀察一個五十歲的人的內心世界，要比觀察一個年輕人的思想更為困難的原因所在。

有的人可能會對上面所講的內容有所懷疑，不相信小時候某一時刻的身體語言，會在人體的大腦中長久地存儲下來，只是隨時間稍稍改變。這就需要我們再來了解一下我們的大腦了。

大家都知道我們的大腦是我們認知能力的基地，它是人體的「命令加控制中樞」，駕馭著我們身體的一切。我們的大腦其實並不是一個統一的整體，它由丘腦、海馬體、胼胝體、小腦、下丘腦、杏仁核和新皮質等部分組成，其中由杏仁核和海馬體組成的「大腦邊緣系統」(Limbic System)，在人體的非語言行為表達中扮演著重要的角色。

大腦的邊緣系統對我們周圍世界的反應是條件式的，是不加考慮的。它對來自環境中的信息所作出的反應也是最真實的。邊緣系統是唯一一個負責我們生存的大腦部位，它從不休息，一直處於「運行」狀態。另外，邊緣系統也是我們的情感中心。各種信號從這裡出發，前往大腦的其他部位，而這些部位各自管理著我們的行為，有的與情感有關，有的則與我們的生死有關。

這些邊緣的生存反應不僅可以追溯至我們的幼年時代，同樣可以追溯至人類遠古時代。它們是我們神經系統中的硬件，很難偽裝或剔除——就像我們聽到很大的噪聲時試圖壓抑那種吃驚的反應一樣。所以，

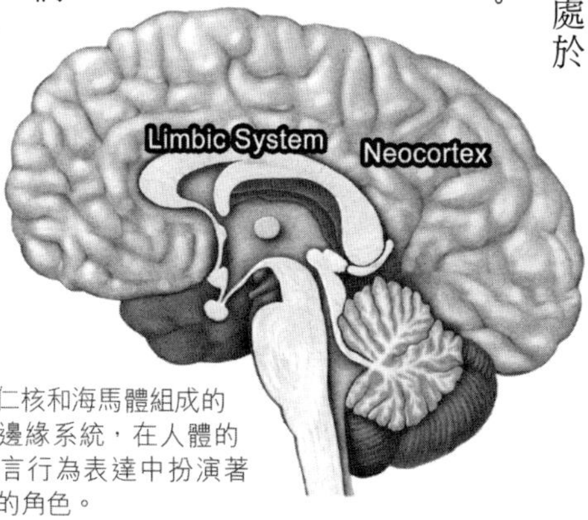

由杏仁核和海馬體組成的大腦邊緣系統，在人體的非語言行為表達中扮演著重要的角色。

邊緣行為是誠實可信的行為，這已經成為了公理。這些行為是人類的思想、感覺和意圖的真實反映。

當人的大腦進行某種思維活動時，他的大腦會支配身體的各個部位發出各種微細信號，這是人們不能控制而且也是難以意識到的。當人做出一種偽裝手勢的時候，他的微細信號和他的有聲語言就會出現矛盾。有些時候，為了達到某種目的，人們也可以故意偽裝。但是，即使是專家，這種偽裝也只能持續很短的一段時間。最後，他的身體終究會發出與他的有意識的行為毫不相關的信號。

身體語言也會男女有別

社會是一個由男女兩性角色合演的「舞台」，幾乎在所有社會裡，孩子出世以後，父母要問的第一句話均是：「男孩還是女孩？」一男、女，這種生物學上的差異，使得人在性格、思想、情緒、舉止、言行及服飾等方面存在明顯的差異。因此，我們在了解身體語言時，就不得不對由於性別的不同而導致的差異進行了解。

心理學家發現男女之間的身體語言存在很大差別。

心理學家在工作中接觸了大量的男男女女，對男與女在身體語言上的差異也進行了大量研究。結果發現，男女之間的身體語言存在很大差別。

差別一：笑的不同

就笑而言，男和女都會笑，但其具體含義卻存在較大差異。他們指出，男性的笑多半是心情愉快的反映，而女性的笑在很多時候並不和心情愉快沾邊。馬爾科姆就曾說：「微笑往往是女性的一種緩和方式，即請不要對我無禮和粗暴。」的確，很多時候微笑似乎成為了女性角色不可或缺的一部分，大多數女性在舞會、宴會，或是其他高級場所中，往往以微笑來體現自己的教養、典雅和端莊。因而，在這種情況下，女性的微笑並不代表著快樂，而是表示了這樣一個概念：微笑才是最適合這種場合的。

所以，女性的微笑並非一定反映了愉快或肯定的情感，某些時候它可能恰恰反映的是一種不悅或否定的情感，如為了博得某人的好感，而不得不對其微笑。當然，男性的微笑也可能存在此種情況，只不過在女性身上體現得更明顯罷了。

差別二：哭也不同

哭也一樣，男和女在宣泄情感時往往會號啕大哭，但有些時候女性在沒有值得哭的事由的情況下，也能開啟哭的按鈕，大哭一場，而男性則一般不會為不值得哭的東西掉一滴眼淚，因為他們信奉「男兒有淚不輕彈」，這也同行為學家的調查結果不謀而合。

美國行為學家奧斯曼調查發現，男性平均三個月或更長時間哭一次，而女性平均每月要哭泣三次。其次，男子漢的眼淚可滯留眼眶不流出，而女人的眼淚多「奪眶而出」。

此外，他的調查還發現，男性在哭泣的過程中可戛然而止，而女性則不能，她們結束自己的哭泣最快也得耗時一分鐘。

差別三：個體空間要求不同。

在個體空間方面，男性一般都願與他人保持較近的距離，以便雙方進行友好的交流。而女性需要的個體空間則要比男性大一些，她們喜歡與人保持一定的距離，以求得心理安全。比如在聚會上，我們會經常看見女性，尤其是單身的女性往往是「形單影孤」，而單身的男性則在那「活蹦亂跳」。

差別四：掩飾情緒方式不同

在掩飾緊張情緒的方法上，女性使用的手段比男性使用的手段更具隱蔽性。如當男性在掩飾自己的緊張情緒時，往往會用一隻手去調整錶帶、看看錢包裡的東西、搓搓雙手、玩玩另一衣袖上的紐扣，或是其他一些可以讓胳膊從身體前面伸過去的姿勢。

而女性掩飾自己緊張情緒的方法則沒有男性那麼明顯，她們往往是雙手拿一葡萄酒杯，或是抓手提袋或錢袋。相比於男性掩飾自己緊張的方法，女性的這些方法當然更能迷惑人了。

差別五：女性更具觀察力

心理學家指出，女性似乎天生具有洞悉細微變化，破解各種非語言信息的本領。德國行為學家埃德加斯的實驗也證明了這一點。

實驗中，埃德加斯為參加試驗的人員播放了一條短片，影片中的一對男女正在交談，但沒有聲音。放完短片後，埃德加斯讓所有參加實驗的男女人員根據片中兩個人的面部表情來猜測該對男女到底在交談什麼。試驗結果顯示，半數以上的女性猜對，其中生育過孩子的女性的準確率竟然高達85%，而男性僅有20%的人猜對，其中從事文化藝術行業的男性的準確率接近於女性。

為什麼生育過孩子的女性的洞察力會比沒有生過孩子的女性的洞察力更勝一籌呢？原因很簡單，因為在養育嬰兒的最初幾年中（嬰兒能開口說話之前），母親僅能通過身體語言和孩子進行溝通。這也是為什麼女性（生育過小孩的）在談判時比男性更具洞察力的最主要原因，因為她們在養育自己孩子的過程中就已不知不覺地進行了解讀身體語言的訓練。

為什麼女性在總體上的觀察能力要比男性強呢？醫學家為我們解開了謎底。通過核磁共振男女頭部發現了這樣一個事實：女性大腦中有十五個左右的部位可以用來評估受到的刺激，而男性大腦中僅有四至五個這樣的部位。這就是為什麼實驗中女性的正確率要遠遠高於男性的原因。這也是為什麼女性在參加宴會時，僅僅「掃描」一下周圍的夫婦就能基本斷定其關係狀況如何，如誰和誰在賭氣、誰和誰是最恩愛的一對，以及誰在家中處於主導地位等。

此外，女性與男性還在許多方面存在差別。如作決定時，女性作出決定的反應時間要比男性快；在戀愛方面，根據調查顯示，約有百分之二十五的男性，在第一次約會時就愛上了對方，但女性到了第四次約會，會有百分之十五的人會愛上對方；在交友方面，男性在年輕時會結交很多朋友，但女性在過了中年之後才會有更多的朋友。在酗酒方面，有百分之七十五至八十的酗酒者是男性。十個丈夫中，只有一個會與酗酒的妻子生活；但在十個妻子中，卻有十個會繼續與酗酒的丈夫生活。在工作方面，男人喜歡衝鋒式的工作，間隔休息，而女人喜歡以同一個節奏工作。在支配方面，入學前到中學期間的男孩子比女孩子更喜歡支配別人；成年後婚姻生活越久，妻子就越可能成為被支配者。

女人喜歡隱藏她們最深的感情，而男性喜歡讓對方知道。如果你問一個男人：「這個手提袋是誰的？」他會直接回答你；而當你把這個問題問向一個女人，她通常的選擇是反問你：「有什麼問題嗎？」因此，了解男女之間的差別，對於更好地識別男人或女人的內心世界，解讀不同性別人群的身體語言是非常有幫助的。

解密身體語言的八個要訣

生活上，我們在待人接物，都有需要注意的地方，學習解讀身體語言自然也不例外。只不過，要學會這種技能，就必須與它建立起一種合作的關係，這樣才能為共同的目標努力。

對於學習解讀身體語言的技巧，情況就和駕駛一樣，第一次嘗試開車的人，由於對駕駛技術不熟練，所以過分關注這方面的問題，但越關注，車就越不聽使喚，以至於司機無法注意到車外的情況，所以車也開得不太順利。只有當你找到坐在方向盤後面那種舒適感時，你才能將注意力轉移到整個駕駛環境中。而學習解讀身體語言也一樣，一旦你掌握了有效地使用這種交流方式的技巧，它就會變成一種本能，你就能全心全意地投入到對周圍世界的解譯上。

為了幫助大家熟練掌握這種技巧，心理學家提出了以下幾點：

1 在環境中觀察

破譯身體語言需要用心去觀察，包括視覺、觸覺和感覺等一切可以調動起來的感官。除此之外，還必須學會在環境中去觀察。一個人對自己所處的環境理解得越透徹，就越能理解當下非語言行為的含義。

例如，一宗車禍之後，人們首先會表現得十分震驚，然後會茫然地走來走去，他們的手會顫抖，甚至會恍惚地走向迎面而來的車輛（這種情況下，警察總是要求你待在自己的車裡，這就是原因所在）。

為什麼會這樣？因為事故發生後，人們的整個「思考」會受到大腦邊緣系統的控制，於是就會出現顫抖、迷失方向、緊張和不適等現象。如果在工作面試中，應聘者出現緊張的情況，那麼你在問到某些具體問題時，就要想一想其中的原因。這對於你了解應聘者將有很大的幫助。

2 認識普遍存在的非語言行為

不同的人具有不同的身體語言，但有些身體語言還是具有普遍性的，例如，人們有時會緊閉雙唇（仿似要把它們藏起來），這清晰明白地說明他們遇到了麻煩或是什麼地方出現了問題。這被稱作嘴唇按壓。

英國的一家輪船公司與一家大型跨國公司洽談船隻交易的事，輪船公司負責人是一位對身體語言有著深入研究的人。他讓他的手下在談判過程中將合同事項一條條列明，然後一項一項向前推進。他則是觀察對方公司的談判人員，從而獲得所有可能對他有幫助的非語言信息。當他的助手唸出合同的某一條款時，涉及一項價值幾百萬美元的建築工程，那家跨國公司的首席談判代表縮緊了他的嘴唇，輪船公司的負責人立即明白，這一條內容不合對方的胃口。於是，輪船公司的負責人立即就這問題與對方進行了反複推敲，最終，輪船公司省了三百五十萬美元。

3 解密特異的身體語言

非語言行為既具有普遍性，也具有非普遍性。普遍的非語言行為構成了一組身體線索：每個人的這種非語言行為幾乎都是一樣的。但是，還有一種身體語言線索，它是一種專屬於某一個體的相對比較獨特的信號。

心理學家指出，你想要識別這些特異的信號，就需要仔細觀察周圍人（朋友、家人、同事和一直為你提供某些商品或服務的人）的行為方式。你對這個人越了解，或是與之互動得越久，就越容易發現這種信息，因為你事先存儲的數據足以令你作出一些判斷。

舉個例子，當你發現你的孩子在考試前有撓頭或咬嘴唇的舉動時，你應該知道他可能十分緊張或沒有準備充分。毫無疑問，這樣的舉動會成為他緩解壓力的招牌動作，以後你會一遍又一遍地看到他做這樣的動作，因為「過去的行為是將來的行為最好的預演」。

4 與他人互動時尋找基線行為

要想理解那些經常與你互動的人的基線行為，心理學家指出：必須注意觀察他們的常態，包括坐姿，手和腳放置的位置，姿勢及面部表情，頭的傾斜度，甚至他們放置自己物品的位置，通常會把錢包放在哪裡。你需要分辨出他們的「正常表情」和「重壓下的表情」的不同之處。

心理學家指出，只有多對正常的東西進行觀察，我們才能認識和區別出不正常的東西。即使只是一次與某人的偶然相遇，你也應該試著留意他或她在最初交流時的行為。了解一個人的行為很重要，掌握了你便知道對方什麼時候會背離常態及背離的重要性和其中蘊涵的信息。

5 堅持不懈，獲取多種信息

精湛的應對能力能提高你通過觀察獲得多種信息的能力。集合在一起的行為信號就像七巧板的各個板塊。你拿到的板塊越多，把它們拼好的可能性越大，然後你就能欣賞它們組成的圖案了。

6 一個人行為的變化很重要

行為的突然變化表明一個人正在對某種信息進行加工或調試。當一個期待去公園的孩子得悉公園已經關門，他的行為會立刻發生變化；當我們聽到不好的消息，身體亦會馬上對此事作出反射。

一個人行為的變化還能反映出他(她)在某種環境下的興趣和意圖。這些行為能夠幫助我們預測即將發生的事，於是，精明的觀察者總能從中獲取額外時間。下面我們來看一個案例：

在美國的一家商店裡，一名男子站在收銀機的櫃枱旁邊，他並沒有排隊，也沒有買任何商品，而是一直站在那裡，兩眼盯住收銀機。當時，在那家商店裡剛好有一個對身體語言頗有研究的休班探員，他注意到了這名男子，因為該男子完全不必站在那個位置上，但是如果這名男子只是待在原地並保持沉默，特工可能也就不會那麼關注他了。

但是，正當探員在觀察他時，他的行為發生了變化，特別是他的鼻孔擴大了（鼻翼膨脹），這表明他在深吸氧氣並準備好要採取行動了。這名特工幾乎是在他行動的前一秒鐘猜出了他的意圖，就在這一秒鐘，這名探員大聲向收銀員發出警告：「小心！」那一刻發生了三件事：第一，這名職員剛好完成一次結賬，收銀機的抽屜剛好打開；第二，站在收銀機旁的這個男人迅速向前一步並將手伸進抽屜裡去搶錢；第三，收到警告的收銀員及時地抓住了搶劫者的胳膊並將其反擰過來。結果，錢從這位企圖搶劫的劫犯手中掉了出來，搶劫的人也跑出了商店。

從上面的案例中，我們可以看出，如果不是那名探員事先察覺到了線索，這名劫犯可能就得手了。

7 學會發現虛假的或誤導性的非語言行為

學會發現虛假的或誤導性的非語言行為也很重要的，只是練就這種區別真線索和誤導性線索的本領需要實踐和經驗，不僅需要用心地觀察，還需要縝密地判斷。這種技能將幫助你準確地解讀你想解讀的人。

8 從舒適度分析人的行為

解讀非語言行為需注意兩大重點：舒適與不適。著名的身體語言大師喬・納瓦羅將其定義為基本的立足點，他認為學會準確地解讀其他人身上的舒適與不適線索能幫助譯解他們的身體和大腦想傳達的信息。

當你對某一行為的意義產生懷疑時，試想這樣的行為看起來舒適（如有沒有滿足感、幸福感）還是不舒適（如顯示不高興、有壓力或緊張）？你都可以把觀察到的行為歸為這兩類（舒適行為和不適行為）。

如果你想成功解理非語言交流的奧秘，就一定要遵守以上這八點了。

看得喜 放不低

創出喜閱新思維

書名	專家不教你的微觀讀心術 Amazing Mind Reading Secrets
ISBN	978-988-79714-4-3
定價	HK$88 / NT$280
出版日期	2019年11月
作者	石川平
責任編輯	麥少明
版面設計	鍾立仁
出版	文化會社有限公司
電郵	editor@culturecross.com
網址	www.culturecross.com
發行	香港聯合書刊物流有限公司 地址：香港新界大埔汀麗路36號中華商務印刷大廈3樓 電話：（852）2150 2100 傳真：（852）2407 3062

認識文化會社 culturecross@ymail.com t.sina.com.cn/culturecrossbooks